幼儿教师必须掌握的教育技巧

莫源秋 著

中国轻工业出版社

图书在版编目（CIP）数据

幼儿教师必须掌握的教育技巧／莫源秋著. —北京：中国轻工业出版社，2016.2（2023.8重印）
ISBN 978-7-5184-0784-2

Ⅰ.①幼… Ⅱ.①莫… Ⅲ.①学前教育-教学参考资料 Ⅳ.①G613

中国版本图书馆CIP数据核字（2015）第311307号

责任编辑：吴　红

策划编辑：吴　红　　　　　　责任终审：杜文勇
责任校对：刘志颖　　　　　　责任监印：吴维斌

出版发行：中国轻工业出版社（北京东长安街6号，邮编：100740）
印　　刷：三河市鑫金马印装有限公司
经　　销：各地新华书店
版　　次：2023年8月第1版第5次印刷
开　　本：710×1000　1/16　印张：15
字　　数：140千字
印　　数：13001—15000
书　　号：ISBN 978-7-5184-0784-2　　定价：35.00元
读者热线：010-65181109，65262933
发行电话：010-85119832　传真：010-85113293
网　　址：http://www.chlip.com.cn　http://www.wqedu.com
电子信箱：1012305542@qq.com
如发现图书残缺请拨打读者热线联系调换
151204Y1X101ZBW

前　言

2012年笔者和广西幼儿师范高等专科学校的韦凌云、刘揖建、陈金菊老师出版了《幼儿教师实用教育教学技能》一书。该书自出版以来一直受到幼儿教育工作者和大中专院校的学前教育专业学生及一线幼儿教师的喜爱。

《幼儿教师必须掌握的教育技巧》是《幼儿教师实用教育教学技能》的姊妹篇，是后者的延伸和补充。从内容上看，两者的区别在于，前者侧重于教师与幼儿特别是个别幼儿的互动技能，后者侧重于集体教学活动中的技能。

我们编写《幼儿教师实用教育教学技能》时，特别重视实用性，希望通过该书能够给一线幼儿教师和在校学前教育专业学生提供具有操作性的指导，即他们按照有关技能要求去做就会有教育效果。而今天我们要出版的《幼儿教师必须掌握的教育技巧》则更加强调可操作性。笔者在撰写本书的各章节时都力求使其包括下面三个部分。

"条件"——简明扼要地向大家介绍相关的原理，希望这一部分内容能给大家一些理念上的引导。

"程序与技巧"——告诉大家操作的具体程序和在各程序环节应注意的操作技能、技巧要求，希望这一部分内容能给大家带来一些精准到位的操作指导。

"综合实训"——在前面两部分内容的基础上，这一部分提供给大家思考、验证前面两部分内容的经典案例，希望能进一步打开大家的工作思路，更加有效地将所学到的知识技能运用到实际工作中。

笔者在编写本书的过程中借鉴和参阅了国内外同行的大量相关研究成果，在此对他们表示由衷的谢意！由于种种原因，对于书中引用的小部分资料，笔者未能标明相关作者及资料的出处，在此对相关的作者表达歉意！

由于时间仓促，加上作者水平有限，本书中一定存在着不足之处，敬请阅读与使用本书的老师和朋友批评指正。

莫源秋

2015 年 9 月

目 录

前　言 ··· i

第一章　应对幼儿提问的技巧 ····································· 1
　一、应对幼儿提问的条件 ·· 2
　二、应对幼儿提问的方法与技巧 ································ 4
　三、应对幼儿提问的程序与技巧 ······························· 21
　四、综合实训 ·· 24

第二章　提问幼儿的技巧 ··· 27
　一、预设问题的技巧 ·· 28
　二、提出问题的技巧 ·· 37
　三、候答的技巧 ··· 42
　四、幼儿回答时的应对技巧 ···································· 44
　五、理答的技巧 ··· 45
　六、反思"提问"的技巧 ·· 49
　七、综合实训 ·· 51

第三章　表扬奖励和批评惩罚幼儿的技巧 ······················ 59
　一、表扬奖励和批评惩罚的条件 ······························· 62
　二、表扬奖励和批评惩罚的程序与技巧 ······················· 72

三、综合实训……………………………………………………………89

第四章　应对幼儿同伴冲突的技巧……………………………………101
　　一、应对幼儿同伴冲突的条件…………………………………………102
　　二、应对幼儿同伴冲突的过程与技巧…………………………………106
　　三、综合实训……………………………………………………………130

第五章　应对幼儿不良情绪的技巧……………………………………143
　　一、应对幼儿不良情绪的条件…………………………………………144
　　二、应对幼儿不良情绪的程序与技巧…………………………………147
　　三、应对幼儿不同种类不良情绪的技巧举要…………………………177
　　四、综合实训……………………………………………………………185

第六章　与幼儿建立快乐互动关系的技巧……………………………193
　　一、建立快乐互动关系的条件…………………………………………194
　　二、建立快乐互动关系的技巧…………………………………………195
　　三、综合实训……………………………………………………………204

第七章　应对师幼冲突的技巧…………………………………………213
　　一、应对师幼冲突的条件………………………………………………214
　　二、应对师幼冲突的程序与技巧………………………………………219
　　三、综合实训……………………………………………………………227

第一章　应对幼儿提问的技巧

幼儿期的孩子是好奇好问的，他们的小脑袋里装满了各式各样的疑问。3—4岁的幼儿常常会指着身边的事物问"这是什么"，4—5岁的幼儿常常问"怎么样""为什么"，而年龄更大一些的幼儿的提问更是五花八门。幼儿教师应该学会利用幼儿的提问来促使他们更好地发展。

一、应对幼儿提问的条件

教师应对幼儿提问，并不一定要用语言来回答。用语言来回答幼儿的提问仅仅是应对幼儿提问的众多方式中的一种，且不是最重要的应对方式。除此之外，还有引导幼儿实验探索、引导幼儿观察等。

为了更好地通过幼儿提问来促进幼儿的发展，教师在应对幼儿提问时应该遵循如下五个基本原则。

（一）发展性原则

教师应该利用幼儿所提出的问题来促进幼儿的全面发展，引导幼儿去探索、去观察、去思考，让幼儿从中学会探索、学会观察、学会思考。面对幼儿的提问，给予幼儿正确的答案并不是最重要的，最重要的是让幼儿在提出问题到寻找到答案这一过程中获得能力和态度的发展。因此，在引导幼儿探寻答案的过程中，教师应该努力探索如何引导幼儿追求答案更有利于幼儿能力与态度、知识与技能的发展。

（二）鼓励性原则

无论幼儿提出何种问题，教师都应该对幼儿抱着接纳、理解、鼓励的态度，以不断激发他们的求知欲，而绝对不可以表现出厌烦或不屑。

（三）及时性原则

对幼儿提出的问题要给予及时的回应，这样，更有利于激发幼儿的求知欲。因为幼儿刚刚提出问题时，其求知欲是比较强的，如果得到及时回应，将激发他们不断思考，不断地向教师提出各种各样的问题。如果幼儿的提问经常得不到及时的回应，那么，幼儿的求知欲就会减退甚至消失。

（四）公平性原则

无论哪个幼儿提问，教师都应该给予公平的回应，否则，张三提问得到教师热烈及时的回应，李四提问却没有得到教师的任何回应，甚至还被讽刺，那么，对于李四而言，受到损害的不仅仅是"求知"方面，其人格的健康成长也将受到损害。另外，教师也不能根据自己的喜好来对幼儿提问做出不同态度的反应，比如，有的教师喜欢孩子们提出数学方面的问题而不喜欢孩子们提出艺术方面的问题——因为数学是她的强项，而艺术是其弱项。教师在回应幼儿提问方面的"偏领域"将会导致幼儿的不全面发展，甚至影响幼儿的健康成长。

（五）目标性原则

答问不是目的，答问是促进幼儿发展的一种手段。因此，在答问之前，教师一定要思考本次答问能促进幼儿哪些方面的发展，如何做有利于幼儿更好地发展。一般来说，教师答问可以促进幼儿在知识与技能、能力与态度等方面的发展，可以满足幼儿的求知欲和情感的需要；答问不只是给幼儿一个正确的标准答案那么简单。

二、应对幼儿提问的方法与技巧

（一）引导幼儿实验探索

当幼儿向教师提问时，教师可以引导幼儿通过实验来探索"答案"。这时，教师可以跟幼儿说："我们一起做个实验试试看吧！"

案例1-1　蜡笔能像蜡烛一样点燃吗？

开展有关"笔"的主题探究活动已经两个星期了，有幼儿提出问题："蜡笔是不是也可以像蜡烛那样点燃呢？"小朋友们议论纷纷。有的说："肯定不行啦，蜡笔是用来画画的。"有的说："可以的，有蜡就可以点燃。"……

这时，有一位小朋友把问题抛给了丁老师："丁老师，你说蜡笔是不是可以像蜡烛那样点燃？"丁老师不慌不忙地回应说："蜡笔是不是可以像蜡烛那样点燃呢？我们一起来做个实验吧。"于是小朋友们开始了实验。

丁老师问："要点燃蜡笔，需要什么工具？"小朋友们说需要打火机。丁老师帮小朋友们找来了打火机并教会了他们用打火机打火，然后，让他们打火点燃蜡笔，结果发现蜡笔只是"流泪"而没有燃烧。丁老师启发小朋友们："我们点蜡烛时，蜡烛中心有什么？"有一位小朋友回答说："蜡烛中心有一条线。"老师说："对。"然后她问小朋友们："如何把线放到蜡笔的中心呢？"一位小朋友："用针在蜡笔上钻一个洞，放一根线进去，然后就可以点燃了。"

于是，丁老师为小朋友们找来了线和针。

小朋友们试着用针在蜡笔上钻个洞，结果在这一过程中蜡笔碎掉了。

丁老师说道："用针一钻，蜡笔就烂掉了，看来线很难放进蜡笔里。怎么办呢？"

……

有一位小朋友说："那就用三根蜡笔的一半合起来，中间放一根线，就像三明治一样。"

丁老师惊喜地看了看那位小朋友,并转向其他小朋友说:"也许这是个好办法!"

小朋友们齐心协力终于做成了"三明治"一样的"蜡烛",用打火机点燃,线头很快燃起了小小的火苗。小朋友们惊叹起来:"哇,蜡笔像蜡烛一样燃烧起来了!"

火苗逐渐变大,活动室里顿时充满了小朋友们和丁老师的欢呼声:"哦,成功啦!成功啦!"

孩子们的好奇心得到了极大的满足。

1.条件

使用"引导实验探索"这一回应方式应该符合如下五个条件。

(1)问题本身具有实验的可能性:幼儿园具备实验的相应物质条件;实验幼儿具有相应的能力和知识经验基础,实验安全。

(2)只要是符合条件"(1)"的问题,无论教师知不知道答案,都可以通过实验来探讨。教师不知道答案的问题,通过实验中师幼真实的探讨活动,更具有"从错误到正确的完整认知过程的意义"。

(3)只要是符合条件"(1)"的问题,无论教师可用语言来回答还是无法用语言来回答,都可以通过实验来探讨。通过实验可以让幼儿获得相应的经验,在经验中悟出问题的答案。

(4)能让幼儿通过实验获得答案的,就不要直接告诉他们答案。

(5)通过实验探索"答案"花费的时间比较多,但是,如果幼儿对相关的实验探索感兴趣,那么时间应该不成问题。

2.程序与技巧

使用"引导实验探索"这一回应方式应该按照如下程序来进行。

(1)确定实验探索的条件。教师应该思考:本实验需要什么条件?本园本班具备哪些条件,缺乏哪些条件?所缺乏的条件有没有可能获得?如何获得?

（2）在确认本园本班具备实验条件后，就可以向孩子们提出实验探索的倡议："我们来做个实验试试看。"

（3）在实施探索的过程中，教师适时地对幼儿进行适当引导和提供相应的支持。实验探索可能引发幼儿提出新的问题，这时，教师应该引导幼儿进行新的实验探索。在实验探索的过程中，适当地让幼儿走点"弯路"对幼儿的成长同样是重要的。实验探索不仅仅是为了获得结果，实验的方法、实验的过程、实验材料的获得都可以成为实验探索内容。实施探索可以按如下程序进行。

①启发幼儿提出尽可能多的解决问题的假设——教师对幼儿的假设不做任何评论。

②通过实验验证幼儿提出的各种假设。有些假设的验证可以同时进行，有些则需要逐一验证，同时验证是需要一定条件的，这需要活动组织者教师认真考虑哪些假设可以同时验证，哪些假设需要逐一验证。

③一种假设没有被实验证实，则启动新的"假设→验证"程序……如此循环，直到找到正确答案为止。

（4）引导幼儿总结实验探索得到的经验和结论。在实验探索的过程中，幼儿所获得的经验可能是零碎的。因此，在实验探索的最后一个环节，教师要引导幼儿提升实验所获得的经验：归纳与系统化。经过归纳和系统化后的经验对幼儿的发展更具有发展价值。

3. 实训

思考一下，当幼儿提出如下问题时，你会如何回应？

（1）幼儿问："老师，螳螂饿了吃什么？"

某天下午，小朋友们正在草坪旁休息。夏川手举着一只螳螂大声地对老师说："老师看，我手上有一只螳螂！"接着，夏川着急地问："老师，螳螂饿了吃什么？"

老师不慌不忙地向大家提议："我们一起来探讨，大家说说，螳螂饿了吃什么呢？"有的小朋友说"螳螂饿了吃面包"，有的说"喝牛奶""吃糖"……老师没有对孩子们的答案做出判断，因为老师对这些答案也拿不准。最后，老师提出倡议："明天上午我们做个实验，看看'螳螂饿了吃什么'。孩子们，你们回家准备一下，明天把你们认为螳螂饿了可能会吃的东西带来。我们看看螳螂饿了吃不吃你们提供的东西。"

下午放学时，老师把这一实验计划告诉了各位家长，并要求他们配合孩子准备相应的食品，同时，要求家长不要以自己的经验去影响孩子，而应让孩子根据自己的经验去判断和选择螳螂饿了可能会吃的东西。

第二天，小朋友们把自认为螳螂会吃的东西都带来了，有面包、牛奶、糖，还有切成小片的苹果、梨、香蕉等。可是，面对这么多小朋友们认为好吃的东西，螳螂却无动于衷，小朋友们犯愁了。螳螂生病了吗？……这时，老师仍没有把正确答案告诉小朋友们，而是引导他们继续观察，寻找答案。

又过了一会儿，有的孩子说："螳螂是从草地上捉来的，它会不会吃小虫呢？"有的孩子说："草地上有青草、小花、蚯蚓、蚱蜢……它可能会吃青草、蚯蚓、蚱蜢。"孩子们便找来青草、小花、蚱蜢……结果螳螂只吃蚱蜢。

在实验探索的过程中，孩子们的求知欲得到了极大的满足。

（2）种子成长发芽的条件。

有一次可珂老师带中班的孩子们在菜地里种青菜。孩子们一边学习种植，一边向可珂老师提出"为什么要把种子种到土里？""为什么要给它浇水？"等一系列问题。可珂老师没有急于回答他们，而是向他们抛出了她的问题："把种子放在水里或是直接放在盘子里，它们会发芽吗？"有的小朋友说可以发芽，有的小朋友说不可以发芽，小朋友们都用期待的目光看着可珂老师。

为了激发幼儿继续探索的兴趣，可珂老师提出大家一起做个实验，把种子放在水里和盘子里，过几天再看结果。这又激起了孩子进一步探索种子发芽的兴趣，推动了活动不断向前发展。

（3）幼儿问："老师，蜗牛吃什么？"

你将如何以引导实验探索这一方式来回应？

(二) 引导幼儿观察

当幼儿向教师提问时,教师可以引导幼儿通过观察来探索"答案"。这时,教师可以对幼儿说:"让我们来观察观察吧。"

案例 1-2 小鸡与小鸭有什么不同

有一天,老师带小朋友们去市郊的一个养殖场参观,看到了许多毛茸茸的小鸡和小鸭。养殖工不断地告诉小朋友们哪只是小鸡,哪只是小鸭,但还是有许多小朋友分不清楚小鸡和小鸭。有几个小朋友不约而同地向带班的老师提问:"老师,老师,小鸡和小鸭我总是分不清。应该怎么区分它们呀?"老师抓了一只小鸡和一只小鸭放在一个围栏里,然后对小朋友们说:"我们来观察观察。小鸡与小鸭有什么区别呢?"接着老师又进一步引导小朋友们:"孩子们,你们看看。它们的嘴巴有什么不同呀?"小朋友们观察了一下马上回答:"一只嘴巴是扁的,一只嘴巴是尖的。"老师总结说:"嘴巴扁的是小鸭,嘴巴尖的是小鸡。"接着老师又问道:"孩子们,你们再看看。它们的脚掌有什么不同呀?"小朋友们又观察了一会儿,然后回答:"一只的脚像扇子一样,一只的脚趾是分开的。"老师总结说:"脚像扇子一样的是小鸭,脚趾分开的是小鸡。"

1. 条件

使用"引导观察"这一回应方式应该符合如下五个条件。

(1) 观察的实物、图片、模具等直观材料容易获取。

(2) 进行观察具有安全性。

(3) 幼儿能通过观察、思考获得"答案"。有些过于复杂,凭幼儿的经验和能力无法通过观察获得"答案"的问题,则不适合使用引导观察的策略。

(4) 引导幼儿观察最重要的目的不是追求最终的正确答案,而是让幼儿学会观察,学会思考。

幼儿若掌握有效的观察方法，其观察能力将会极大地提高。因此，在引导和支持幼儿观察的过程中，应有意识地让幼儿掌握如下的观察方法。

①顺序观察法，即从上到下、从前到后、从左到右、从头到尾、从近到远等有顺序地观察。这样能观察较全面、细致，不致遗漏。例如，观察动物时，一般可从头、身体、四肢到尾巴依次观察，掌握动物的外形特征，进而观察其生活习性。

②典型特征观察法，即先观察最明显的特征，再过渡到一般特征。这样能很快地激起幼儿的观察兴趣和积极性。例如观察蝴蝶时，幼儿首先注意的是蝴蝶的翅膀和美丽的颜色，可以让幼儿先观察这些特征部分，再过渡到观察其他部分。

③分解观察法，即将较复杂的物体分成几个部分，逐个仔细观察，再综合起来了解全貌。这样能培养幼儿对复杂事物的综合观察能力。例如观察汽车，可以让幼儿先看汽车的外形，再分别看车头、车厢、车轮，搞清楚每部分有些什么，有什么用，然后综合起来，对汽车有一个整体的了解。

④比较观察，即同时观察两种或者两种以上的事物，比较其异同。这样可以培养幼儿辨别、分析、概括的能力。例如，马与牛、鸡与鸭、公共汽车与卡车的比较等。

⑤追踪观察法，即观察事物的发展变化过程。这样有助于培养幼儿了解事物之间的联系、转化、因果等的能力。例如：观察植物从种子萌芽到生根、长茎叶、开花结果等的过程；观察蚕从卵到成虫、休眠与蜕皮、吐丝、结茧、成蛹、变蛾、产子的过程，等等。

在观察过程中还应注意让幼儿尽可能多地利用多种感官参与观察活动，以便对被观察对象有更加全面的认识。

（5）通过观察获得"答案"，可能花费的时间是比较多的，但是幼儿通过自己观察获得答案，有利于幼儿积累相关的经验，有利于其今后的成长。

2. 程序与技巧

使用"引导观察"这一回应方式应该按照如下程序进行。

（1）观察导入。

①观察导入从"不定向"到"定向"。如，幼儿问："老师，蝴蝶飞舞为什么没有声音，而蜜蜂飞舞有嗡嗡的声音？"教师可先对幼儿进行"不定向"的观察引导："你观察一下蜜蜂和蝴蝶飞舞时有什么不同。"如果幼儿经过一定时间的观察后并未发现"答案"，并且对观察失去了兴趣，那么教师就可以对幼儿进行"定向"的观察引导："你观察一下蜜蜂和蝴蝶飞舞时翅膀的振动有什么不同。""定向"观察引导是适当降低观察的难度，让观察的任务适应幼儿的经验和能力基础。

②根据需要选择适当的观察引导方式。

教师可以根据教育的具体情况和需要，从以下两种方式中选择一种来引导幼儿的观察。

A. 当观察难度比较小，幼儿的观察发现比较趋于一致时，教师可以对全体小朋友说："我们一起来观察观察，看看能不能找到答案。"然后，小朋友可以以个人或集体的名义回答自己的观察发现。

B. 当观察难度比较大，幼儿的观察发现比较发散时，教师可以对全体小朋友说："我们一起来观察观察，看谁能先找到答案。先找到答案的小朋友就悄悄地来告诉老师。"

方式A：简单地引发幼儿的观察，有利于激发幼儿快速地观察发现和表述自己的发现，还有可能会相互启发。

方式B：激发幼儿快速地观察发现，同时又不影响其他同伴的观察，给观察慢的幼儿以充分的观察机会。

（2）给幼儿的观察发现以鼓励和肯定。对于幼儿通过观察得到的"答案"，无论是否符合真理性知识的标准，教师都应该给予鼓励甚至肯定。

（3）当幼儿的观察发现不是真理性知识时，教师可以这样问幼儿："你是怎么观察的，你是怎么得到这样的答案的？"

（4）让幼儿分别展示他们的观察成果。

（5）总结小朋友们的观察成果，使他们的观察方法和观察经验都得到提升。

3. 实训

（1）在养殖场，幼儿问："老师，鸭与鹅有什么不同？"你将如何回应？

（2）在养殖场，幼儿问："老师，牛与马有什么不同？"你将如何回应？

（3）在种植园，幼儿问："老师，韭菜与麦苗有什么不同？"你将如何回应？

（4）在养殖场，幼儿问："老师，公鸡与母鸡有什么不同？"你将如何回应？

（5）某幼儿园进行了昆虫主题教育活动，在室外活动时，一个小朋友问："老师，蜘蛛是不是昆虫？"你将如何回应？

（三）直接回答

当幼儿提问时，教师可以直接用语言将答案告诉幼儿。比如，一个幼儿指着一棵桉树问："老师，这是什么树？"这时，教师可以跟幼儿说："这是桉树。"

1. 条件

使用"直接回答"这一回应方式应对的问题如下。

（1）无探索性的问题。

（2）有关具体事物名称、时间、地点的问题。

（3）有关行为规范、行动规则、社会生活常识的问题。

（4）有关国家大事、新闻消息、社区中发生的某些事情的问题。

可以采用"直接回答"方式回应的典型问题有："这是什么？""什么时候？""在哪里？""你叫什么名字？"等等。

2. 程序与技巧

使用"直接回答"这一回应方式应该遵循如下程序。

（1）微笑着直接陈述答案。

（2）告诉孩子该物品的特点和功能。如果幼儿问的是物品名称，教师还可以结合演示法讲解该物品的特点和功能。

（3）测试。如果幼儿问的是物品名称，如有可能，教师还可以提供该物品的其他变式,看看幼儿是否真的辨识了该物品。

3. 实训

(1)幼儿看到停在幼儿园门前的汽车,问:"老师,这是什么牌子的汽车?"你如何应对?

(2)幼儿看到新来的老师,问:"老师,你叫什么呀?"如果你是新老师,会如何应对?

材料 回答幼儿问题的能力测试

如果幼儿问"汽车为什么能跑?",你的回答属于下面的哪种情况?

A. 汽车肚子里有一个发动机,发动机最喜欢吃汽油,吃完汽油以后它就开始工作了。它会告诉车轮子转动,车轮子一转动汽车就跑起来了。

B. 汽车要吃东西,吃完东西汽车才有力气,车轮子转得动,汽车就可以跑了。

C. 因为汽车有轮子,有轮子当然就可以跑了。

分析:

(1)如果你的回答是 A:你的回答比较符合认知程度稍强一些的幼儿。你能用幼儿的语言把复杂的科学道理讲解给幼儿听。尽管幼儿不知道什么是发动机,但通过你的解释,幼儿基本上能理解汽车工作的原理和程序。这样的解释比较符合科学精神——严谨、真实。你的回答不但满足了幼儿的好奇心,同时也给幼儿留下了探索的空间。随着幼儿学习能力的提高,他会主动去寻找关于"发动机"的信息。

(2)如果你的回答是 B:你的回答最符合绝大多数幼儿的认知水平,也是幼儿最能接受的一种方式,因为你用幼儿的语言解答了他的疑问,而且用最简略的语句表明了汽车工作的过程。但要提醒你的是,在引导幼儿进行科学学习时,要注意尽可能地使用科学用语,回答应该更合理一些,让幼儿对一些科学概念理解到位。

(3)如果你的回答是 C:你是一位不太善于回答幼儿问题的老师。你的解释太肤浅，没能很好地解释为什么，也没有阐明科学原理。可能幼儿还会接着问，那时你千万不要敷衍了事。

你是否觉得上述测试有一定的道理呢？

（四）比喻回答

当幼儿提问时，教师可以用比喻来回答。比如，一个幼儿突然指着鱼缸里的鱼问："老师，鱼身上为什么会有鱼鳞？"这时，教师可以对幼儿这样说："就像你在游泳时要穿游泳衣一样，鱼在水中游泳也要穿游泳衣。鱼鳞就是鱼的游泳衣。"

1. 条件

使用"比喻回答"这一回应方式应该符合如下三个条件。

（1）幼儿提出的问题属于教师无法跟幼儿讲清楚其中原理的问题。

（2）比喻要贴近幼儿的生活和经验，以利于幼儿对相关事物的正确理解。

（3）比喻所蕴含的原理最好与幼儿所提问题的相关原理相同或相似。因为比喻回答的目的是要满足幼儿的求知欲，并让幼儿明白其中的道理，而不是"忽悠"幼儿。

2. 程序与技巧

使用"比喻回答"这一回应方式应该遵循如下程序。

（1）确定幼儿提出的问题所蕴含的原理。

（2）确定幼儿已有的相关经验。

（3）以幼儿熟悉的事件、经验来比喻所陈述问题的答案。

案例 1-3　为什么下雨？

零老师的回应

幼儿问："老师，天为什么会下雨？"

零老师回答说："水被太阳的热蒸发成水蒸气，然后上升到空中变成云，云达到一定厚度时，变成水滴落下来就是雨。"

危老师的回应

幼儿问："老师，天为什么会下雨？"

危老师回答说："你洗澡时，水热了，会冒出热气来，热气升到冲凉房的天花板上，变成小水珠，就会滴落下来。下雨也是这个道理，江河水、海水、湖水被太阳晒暖了，热气就会升到天空，然后就会变成小水珠落下来，这就是雨！"

零老师讲的是真理性原理，但幼儿肯定听不懂。危老师结合幼儿的生活经验用比喻的方法来说明下雨的道理，幼儿是可以听懂的。

3. 实训

（1）幼儿问："鱼儿在水里冷不冷？"你如何应对？

一个初冬的早上，有个4岁的小女孩偶然看到池中的小鱼，于是问道："老师，小鱼在水里不冷吗？它不会感冒吗？"教师非常巧妙地回答："池里的鱼应该是很冷的吧！不过，水是鱼的家，因为它经常运动，所以不会觉得冷。如果你觉得冷，我们来跑步好吗？"幼儿觉得冷的时候，容易向教师问这样的问题。这时候，教师可以顺势诱导她："来，跟老师一起跑步吧，一二一……"

（2）幼儿问："太阳为什么会落下去？"你如何应对？

如果你是从太阳与地球的关系来回答，或者用动力学原理来科学准确地回答孩子的上述问题，孩子是不可能真正理解的，但是你可以这样回答："一到晚上，动物们就回家睡觉了，太阳公公也到山的那边去睡觉了。"这样的回答同样可以让孩子得到相应的心理满足。

（3）幼儿问："为什么狗不会说话，只会汪汪汪地叫呢？"你如何应对？

你可以这样回答："我们人说人话，狗说狗话呗。也许狗听我们说话以为我们也在叫呢。"

（4）幼儿问："为什么袋鼠跳着走而人不跳着走？"你如何应对？

你可以这样回答："你不也会跳吗？爱跳你就跳，只要你不怕累。袋鼠可是跳远健将。"

(五)"我也不知道"

教师不是百科全书,不可能什么都懂,特别是在知识飞速发展的今天,更是如此。因此,面对幼儿的提问,教师确实不知道答案时,可以直接告诉幼儿:"老师也不知道答案是什么。"

1. 条件

使用"我也不知道"这一回应方式应该符合如下两个条件。

(1)教师不担心在孩子们面前说"我也不知道"会影响自己的声誉。有的教师担心把自己的无知告诉幼儿,幼儿会瞧不起自己。实际上,幼儿是很聪明的,他们不会因为教师不会回答某一两个问题而否定教师。另外,教师承认自己也不懂,还能够让幼儿意识到教师也不是什么都知道的,教师也有弱点,这对增强幼儿的自信心有所帮助。

(2)幼儿提出的问题,在教师的知识经验体系里没有现成的答案,同时,该问题又不具有"观察发现"和"实验探索"的可能性。

2. 程序与技巧

使用"我也不知道"这一回应方式应该遵循如下程序。

(1)微笑着跟孩子说:"老师也不知道答案是什么。"

(2)表扬幼儿。被幼儿问倒时,你可以这样对幼儿说:"你问的问题真好,把我也难住了。""很高兴你问这个问题,这是一个值得探讨的问题。""我要表扬小明,他非常爱动脑、会思考,问的问题真好。""小明问的问题老师也要想一想,谢谢你提了这么好的问题。"

(3)把问题转述给小朋友们,一起寻找问题的答案。教师和幼儿讨论解决问题,如:"刚才××小朋友向老师提出了'……'这个问题,老师也不知道答案。我们班有哪位小朋友知道答案呀?对这个问题,我们要好好想想,看看谁能想出解决问题的办法。谁知道答案?"

(4)鼓励幼儿将问题带回家。如果教师不知道,小朋友们也不知道,教师可以对小朋友们说："今天××小朋友提出的问题，我们都不知道答案。今天放学时，我们把问题带回家问一问爸爸妈妈，看看能否找到答案。如果找到答案了，明天就把答案告诉大家。"

（5）寻找解决问题的相关资料，进而解决问题。放学后，教师可通过网络、图书文献、电话询问相关的人员，力求找到问题的答案。

（6）让幼儿讲述从家长那里得到的答案。第二天，让小朋友们在班上讲述从家长那里得到的答案，并对幼儿加以肯定。

（六）"你说呢？"

有时候，幼儿向教师提问，不是为了求知，而是为了告诉教师他的发现。这时，教师就可以通过反问幼儿"你说呢？"来回应幼儿的提问。

幼儿问："男的和女的有什么地方不同？"你会如何回答？

对于这样的一个问题，你可能回答说"男的有力气，女的温顺"，而这不符合现代社会的实际情况；你也可能回答说"男的有胡子，女的没有胡子"，然而在现实中，幼儿看到的却是小男孩和部分男人是不长胡子的。

对幼儿的这一问题，你可以这样反问他："你看男的和女的有什么地方不同呢？"可能幼儿会迅速地做出反应，十分得意地回答："老师，这个问题的答案我知道：男的短头发，女的长头发；男的不穿裙子，女的穿裙子。"听完幼儿的回答后，教师可在重复幼儿答案的同时这样附和说："对，老师也是这么想的。"这样的回答，既满足了幼儿表达的欲望，又鼓励了幼儿的创造性。

1. 条件

使用"你说呢？"这一回应方式应该符合如下三个条件。

（1）幼儿对相关问题已经有所了解。

（2）幼儿提出这一问题，只是想验证自己的看法是否正确或者只是想告诉老师其见解。

（3）对幼儿所提出的同一个问题，不能反复地使用"你说呢？"来回应。因为第一次向幼儿反问"你说呢？"之后，教师便可以从幼儿的相关反应中判定幼儿的提问是否符合上述（1）和（2）两个条件。教师对同一个问题反复地使用"你说呢？"可能会让幼儿感到厌烦。

2. 程序与技巧

使用"你说呢？"这一回应方式应该遵循如下程序。

（1）用微笑的目光注视着幼儿，然后向幼儿提问："你说呢？"

（2）理答。

当幼儿表述完观点后，教师可以选择以下两种方式之一来回应。

①竖起大拇指对幼儿说："你说的很有道理！"当幼儿的回答"有道理"——符合一定的生活逻辑——但不是"真理性答案"时，可以这样回应。

②微笑着看着幼儿，然后摸摸他的头，对他说："对，老师也是这么想的。"当幼儿的回答是"真理性答案"或者与自己的想法相同时，可以这样回应。

案例 1-4　月亮在看什么？

在一次语言教学活动中，覃老师讲到弯弯的月亮挂在空中。这时，小雪站起来问覃老师："老师，月亮每天眯着眼睛在天上看什么呀？"覃老师被这个问题弄得愣了一下，转而问她："那你觉得它在看什么呢？"小雪回答说："我觉得它是在看星星，因为星星太多太小了，月亮看不清楚，所以每个月都要将自己变圆变大，瞪着圆圆的大眼睛来看，对吧？"覃老师回应道："有道理！"

小雪问覃老师，其动机就是将自己的想法告诉覃老师。覃老师给小雪自我表达的机会，并且十分认真地听小雪的述说，小雪的述说需要得到了很好的满足。

3. 实训

当幼儿提出如下问题时，我们又该如何回应？

（1）"老师你猜，他是男孩还是女孩？"

一天，中班的马小勇到小小班参观，看见一个留短发的小孩，他凝神若有所思地望了望对方，然后问老师："老师你猜，他是男孩还是女孩？"老师回应说："你说呢？"只见马小勇快速地走过去把人家的裤脚一掀，然后笑眯眯地说："老师，她是女孩。不信，你看她穿着红袜子。"老师对他竖起大拇指说："你真聪明！你说的很有道理！"

原来，马小勇向老师提问，只是想证实他的猜想而已。

（2）幼儿问："老师，月亮为什么跟着我走？"

教师微笑着反问道："你说呢？"

幼儿高兴地回答道："因为它喜欢我。"

教师微笑着竖起大拇指回应道："你说的很有道理！"

（3）幼儿问："老师，太阳为什么会落下去？"

教师微笑着回应道："你说呢？"

幼儿高兴地回答道："因为天要黑了，它要回家。"

教师微笑着竖起大拇指回应道："你说的很有道理！"

（七）关照幼儿的情感需要

有时候，幼儿提问不是为了求知，也不是为了表达，而是求关注、求关爱，或者是为了解决内心的疑虑。教师在回应幼儿的这类提问时，一定要对其情感需要给予充分的关照。

案例1-5 老师，你会不会死呀？

昨天，徐俊参加了他奶奶的葬礼。今天下午他忽然问："伍老师，我们最后又会去哪里呢？是不是都会死掉呢？人死了是不是就再也回不来了？伍老师，你会不会死呀？"

伍老师看着徐俊，温和地回答说："你理解得很对。大家确实都会死，包括老师也会死。但绝不是现在就会死去，我们要等到很老很老的时候才会死去。"徐俊听了伍老师的话，放心地和其他孩子去玩了。

伍老师的回答"大家确实都会死，包括老师也会死"，满足了徐俊关于人的生死方面的求知欲望。伍老师的回答"（我们）绝不是现在就会死去，我们要等到很老很老的时候才会死去"，解除了徐俊因亲历其奶奶的葬礼而对自己死亡的担忧。

1. 条件

（1）教师要意识到幼儿有时候提问，不仅是求知，而且是求情（寻求关注、寻求关爱），有时候仅仅是为了求情。如，老师在给某小朋友编辫子时，常会有孩子天真地问："老师，你在干什么？"这种提问就是纯粹的求情。

（2）教师在回应幼儿的提问时，不要仅仅考虑如何满足其求知需要，还要考虑如何满足幼儿的求情需要。

（3）当幼儿的提问中出现求情的倾向时，说明教师平时对幼儿的情感需要关照得不够。不要等到幼儿通过提问来求情时才给予其情感方面的满足。

2. 程序与技巧

（1）通过幼儿提问时的表情及其提问，判断幼儿的情感需要及其满足水平。

（2）在回答幼儿提问的同时，通过口头语言和肢体语言表达对幼儿的关注和关爱之情。

（3）平时要多给那些试图通过提问来获得关注和关爱的孩子以关注和关爱。

（4）平时要在各种场合，利用各种机会，通过口头语言和肢体语言，以幼儿能理解的方式有效地向他们表达老师对他们的关注和关爱。

3. 实训

（1）老师正在削水果为小朋友们准备午点，李伟跑过来问："老师，你在干什么？"如果是你，你将如何回应李伟的提问？

孩子明知故问，是闲着没事做吗？绝对不是。它的话外之音是："老师，我想和你套近乎！"因此，当听到孩子热情地问"老师，你在干什么？"时，教师绝对不能不耐烦地回应孩子："你傻呀？你没有看见老师在做什么吗？！"

教师应该热情地如实回答自己正在做什么，同时，亲切地摸一摸他的头，拉一拉他的手，拍一拍他的肩膀。

（2）"老师，树木从哪里知道现在是它们变绿的时间呢？"你会如何应对孩子的这一提问呢？

一年前小亚的爷爷去世了，他非常难过。他有许多相应的困惑，为此他展开了与老师的如下对话。

小亚："老师，树木从哪里知道现在是它们变绿的时间呢？"

老师："这是一个很好的问题。树木里面有一种像时钟的东西，如果到时候了，它就向树木发出一种信号，然后树木就会长出新的叶子来。"

小亚摇摇头又问道："这不可能，我从来就没有听到过树木里面有时钟的滴答声，它里面肯定没有时钟。那么，树到底是怎么知道时间的？"小亚焦急地望着老师。

老师："这是一种自然现象。我并没有说植物里面真的有时钟，我是说有像钟的东西，这是有区别的。我的意思是，植物和动物有它们自己的生长规律。"

小亚："有什么规律啊？"

老师："当太阳光变暖，泥土达到一定的温度，树木的根又能从地里吸收水分的时候，树木就又活过来了。"

小亚："如果是这样的话，那我爷爷能回到我身边吗？"

老师："不会的，小亚。"

小亚："为什么不会呀？树都能活过来，我爷爷为什么不能活过来？"

老师："树木在冬天并没有完全死，但是你爷爷是真的死了。"

其实小亚在想念爷爷。爷爷在世的时候总是给他讲好多故事，骑车带他去钓鱼，每天都和他玩好长时间。小亚关心的并不是花儿、树木长出绿叶，他此刻感到伤心的是他最喜欢的爷爷不在了，他想知道爷爷会不会像树木那样经过冬天再一次回到自己的身边。教师并没有认识到小亚所提问题的真正动机。

三、应对幼儿提问的程序与技巧

应对幼儿提问,一般按如下程序及要求来进行。

(一)以欢迎、鼓励的态度面对提问的幼儿

幼儿提问是我们促进幼儿发展的一个机会,也是我们与幼儿进行积极互动的契机,因此,无论幼儿提出什么样的问题,我们都应该积极回应,而不应消极对待。

案例 1-6 你自己去玩吧!

户外活动时,小朋友们都在教师的带领下愉快地游戏,有的在看路边的树和花,有的在一旁追逐打闹。这时候,一个小男孩走到老师的身边问道:"老师,为什么天气冷了小花就不开了呢?"老师看了看小男孩,没有回答。过了一会儿,小男孩又跑过来了:"老师,那边的青菜为什么开花了呢?"老师看了小男孩一眼,简单地说了句:"你自己去玩吧!"小男孩没有得到自己想要的答案,只好悻悻地离开了。

不知道老师是出于什么原因而对幼儿的提问如此冷漠,但有一点是可以肯定的,那就是教师对幼儿提问的冷漠会让幼儿今后尽可能地不再问老师任何问题,甚至其好奇心也由此而锐减。

案例 1-7 鱼吃饭吗?

教师组织幼儿画鱼,先让幼儿观察鱼缸里的鱼,然后请幼儿一起讨论他们看到的鱼的样子,为接下来的画画做准备。这时,一个幼儿怯生生地问:

"老师，鱼吃饭吗？"一旁的配班老师马上拍拍他的头说："别瞎问，注意听老师的！"

当幼儿的提问与预设的教育活动目标不相符时，教师应该如何应对？这是一个值得我们思考的问题。只要孩子的提问所引发的新的教育比原来预设的活动更有价值，教师就应该将原来预设的教育活动暂停，转向由幼儿的提问所引发的新的教育活动；如果孩子的提问所引发的新的教育并不比原来预设的活动更有价值，那么教师应该努力继续预设的教育活动，但在这个过程中要友善地应对孩子的提问。

案例中教师的教学内容是画鱼，预期结果就是每个幼儿画一幅画，因此，教师将对鱼的外形的观察及绘画技巧看作教学的重心。而幼儿问了一个与此无关的问题，这个看似"荒诞"的问题却体现着幼儿对鱼的生命与生活的关心。笔者认为，由后者引发的教育活动比前面的以知识技能为主的美术活动可能更有价值。

为了鼓励幼儿提问，进而不断激发他们的好奇心和求知欲，教师在面对幼儿提问时应该避免如下三类态度。

（1）厌恶、不耐烦："讨厌！你没看见我正忙着吗？""老师现在有事，你到一边玩去吧。""别啰唆了，整天问这问那！""你有完没完？干吗老问问题？""这也问，那也问，烦不烦呀？！有完没完啊？！""真烦！问什么？自己想去。"

（2）敷衍搪塞："以后再告诉你。""你还小，跟你说了你也不懂。""去问你爸爸（妈妈）吧。""你还小，不懂事，我说了你也不懂，等长大了你就知道了。"

（3）斥责嘲笑："真笨！连这个都不懂。""别问了，从来就是这样。"

（二）对幼儿提问的动机做出判断

幼儿提问的动机一般有三种：求知、求情、求表达。

案例 1-8 我是从哪儿来的呢?

6岁的曾玮有一天问妈妈:"妈妈,我是从哪儿来的呢?"妈妈让儿子等一下。然后她赶紧跑到客厅,郑重地对孩子的爸爸说:"儿子问我他是从哪儿来的。我们现在也该告诉他生命是如何开始的了。"于是,爸爸坐到曾玮身边向他解释。他先从小鸟和小蜜蜂说起,最后还画了些图以表明男性和女性身体上的差异。曾玮聚精会神地听着,直到爸爸讲完之后,才说:"哦,我懂了。可是,我真正想知道的是我是从哪个地方来的。因为吴凯说他是从广东来的。"

这个案例说明,在回答幼儿的问题之前了解其提问的动机是十分重要的。否则,可能会导致我们回答问题时牛头不对马嘴,幼儿的求知需要也未得到满足。

(三)根据幼儿不同的提问动机做出不同的回应

1. 回应幼儿的求表达式提问

当幼儿向教师提问是为了表达自己对相关事物的看法时,教师可以采用反问的方式来回应,其程序为:首先微笑着注视幼儿并向他提问"你说呢?",然后认真地倾听,最后给予积极的评价。

2. 回应幼儿的求知式提问

当幼儿向教师提问是为了了解其未知的东西时,教师回应方式的优选顺序是:"引导幼儿观察"→"引导幼儿实验探索"→"直接告诉"→"比喻回答"→"承认自己也不知道"。当前者不适用时,再考虑使用后者,依次类推。

3. 回应幼儿的求情式提问

当幼儿向教师提问是为了寻求关注或者解决心中的忧虑时,教师可以根据情况采用以下不同的方式来回应。

回应幼儿寻求关注式提问的程序为:微笑着直接回答幼儿的提问或微笑着

反问幼儿"你说呢?";幼儿回答后,用口头语言或肢体语言以幼儿能理解的方式表达对他的关注和喜爱。

回应幼儿为解决内心的忧虑而提问的程序为:了解幼儿的忧虑所在,有针对性地以幼儿能理解的方式(语言、观察、实验、比喻)回应幼儿提出的问题,消除其内心的忧虑。

四、综合实训

下面罗列了一些幼儿向教师提出的问题。请思考我们应该如何应对这些提问。(你将采取什么方式来回应?在细节上应该注意些什么?程序如何?)

- 天上也有小朋友吗?
- 为什么会下雨?
- 月亮为什么有时胖,有时瘦呢?
- 如果地球是圆的,那我们掉下去怎么办?
- 世界上第一个人是谁生的?
- 为什么杀人就被警察抓起来,而杀鸡就不会呢?
- 这是现在吗?我怎么知道这就是现在而不是昨天呢?
- 为什么明天不会变为今天?时间跑到哪儿去了?
- 为什么长颈鹿的脖子那么长,而我们的脖子没有那么长呢?
- 羊的身上为什么长毛?我们身上怎么不长毛?
- 为什么大象的牙齿长在嘴外边,而我们的牙齿长在嘴里呢?
- 为什么鸽子会飞而我们人不会飞呢?
- 我是从妈妈的什么地方生出来的?
- 为什么男孩站着尿尿,女孩蹲着尿尿?
- 老爷爷的头为什么是光光的?
- 哪一部分的我算是真正的我?是我的手臂、腿,还是我的脑袋?

- 鼻子洞洞为什么不朝上?
- 人为什么有两只眼睛?
- 我一直把我想象成另外一个人,可是,为什么我仍然是我自己?
- 人死了,他自己还知道吗?如果他不知道,那我们怎么知道他不知道呢?

【参考文献】

[1] 施燕.幼儿园新教师上岗手册[M].上海:华东师范大学出版社,2012:153-154.

[2] 科特曼.幼儿教师88个成功的细节[M].李旭晴,译.上海:华东师范大学出版社,2010:30.

[3] 伦茨.风不吹,它睡了吗?:儿童提问的背后[M].王怀成,译.北京:华文出版社,2003:13.

[4] 马修斯.哲学与幼童[M].陈国容,译.北京:三联书店,1989:87-88,103.

[5] 袁宗金.儿童提问的本体价值[J].教育科学研究,2010(2):18-21.

[6] 钟玮.如何科学地对待孩子的提问[J].教育理论与实践,2009(8):48-49.

[7] 马琳.幼儿提问回答的策略和方法[J].大众心理学,2011(3):20-22.

[8] 於凤.浅谈如何正确对待幼儿的提问[J].科学大众,2009(5):111.

[9] 陆玉珍.巧答幼儿的提问[J].学前教育研究,2003(10):55.

[10] 曾亚萍.在师幼互动中积累实践智慧挑战自我[J].教育导刊(幼儿教育),2005(9):10-13.

[11] 袁宗金.回归与拯救——儿童提问与早期教育[D].南京:南京师范大学,2006.

第二章　提问幼儿的技巧

一般而言,幼儿园的提问过程包括:教师预设问题→教师提出问题→教师候答(教师等候幼儿回答问题)→幼儿回答(幼儿回答教师提出的问题)→教师理答(教师对幼儿的回答做出回应)→教师反思(教师针对幼儿的回答生成新问题)→……(如下图所示)

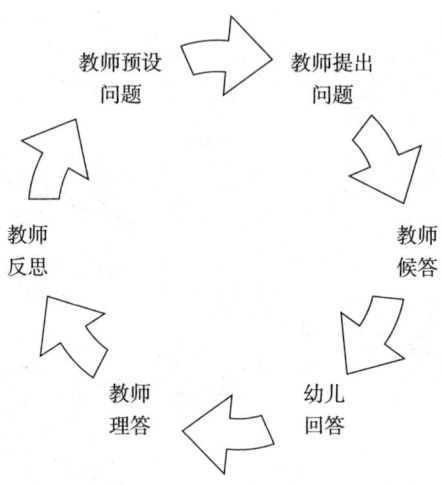

提问是教师引导幼儿学习与思考,激发幼儿的学习兴趣,增进师幼之间情感的一种手段。幼儿教师应该学会利用提问这一手段来促进幼儿更好地发展。

一、预设问题的技巧

(一)条件

预设问题要注意符合以下四个方面的要求。

1."问题"要为教育活动目标服务

提问是促进幼儿发展的手段,它要为达成教育活动的目标服务。因此,在预设问题之前,教师首先要明确:"为什么要向幼儿提出这些问题?""预设这些问题要达到哪些教育活动目标?""预设什么样的问题更易于达成相关教育活动目标？""预设这样的'问题'能达到我的目的吗？为什么？"

教师提问的目的主要有：确定幼儿对特定知识内容的理解；使幼儿运用其批判性思维和创造性思维去应用所学过的知识技能。

案例2-1 你们有什么发现？

在一次"认识对称图形"的观摩活动中，教师一开始就在屏幕上展示了一系列精致、漂亮的对称实物。在优美的音乐和幼儿的赞叹声中，教师提问："你们看了这些图片有什么发现？"小朋友们纷纷回答："我发现这些图片都很美！""我发现这些图片上有的是小动物，有的是房子，有的是大树！""我发现房子的颜色真漂亮。"……

一连好几个幼儿都没能答出"左右一样"这类贴近预设目标的答案。

幼儿的思维未进入预设的轨道，说明教师预设问题失败。其失败原因在于没有围绕教育活动目标来预设问题，提问没有起到促进教育活动目标达成的作用。

2."问题"要符合幼儿的基础

预设问题前，教师一定要思考幼儿的相应基础：知识经验基础、兴趣基础等。比如：引起幼儿回忆的提问，幼儿一定要有相应的记忆基础；引发幼儿表达个人意见和感觉的提问，幼儿必须有过相关体验和感受；引导幼儿说出事物因果关系的提问，幼儿必须有相关的经历、体验以及与之匹配的逻辑思维能力，等等。

案例2-2 这里面是什么？

场景：中班"秋天的树叶"常识和语言活动课。

活动开始时，教师出示了一个漂亮的盒子并说："请小朋友们猜猜这里面是什么？"幼儿便胡乱猜测：玩具，图书，好吃的……

在孩子们探寻的目光中，教师从盒子里拿出一片树叶。幼儿大失所望，兴趣全无。

让幼儿猜盒子里是什么，这样的提问毫无意义。因为幼儿对盒子里的东西一点"基础"都没有，让他们猜，他们只能瞎猜，这种瞎猜对幼儿的发展没有任何意义。

案例 2-3　是风动还是人动？

在中班语言课诗歌创编活动"风和云彩"中，老师让小朋友观看多媒体演示后提问："为什么云会动？"一个幼儿说："因为我在动。"老师问："还有不同的回答吗？"另一个幼儿说："我动，云也动。"

很多幼儿动了起来，似乎在验证那个幼儿的说法。老师叫幼儿坐好。终于有个幼儿说："是风吹动的。"老师欣喜地说："我同意这个小朋友的说法，是风吹得云在动。"

提问作为一种教育手段，不是万能的，它的有效使用是需要条件的。对于到底是风动还是人动这个问题，更有效的教育方法可能是观察法或实验探究法，而不是提问。

3. "问题"要有一定的挑战性

预设的问题对幼儿的经验和能力应具有一定的挑战性，要在一定程度上超越幼儿现有的知识、经验、智慧和能力，让幼儿将自己原有的知识、经验甚至智慧重新整合方能回答老师的提问。这样的问题有利于调动幼儿思维的积极性，有利于提升幼儿的经验，有利于幼儿智慧的生成和能力的提高，也只有这样的问题才是对幼儿有发展价值的。

案例 2-4　梨是不是黄色的？

丁老师拿着一个梨，问幼儿："小朋友们，你们看看，这是什么呀？"小朋友们齐声回答："这是梨！"接着老师又问："小朋友们，这个梨是不是黄色的呀？"小朋友们齐声回答："这个梨是黄色的！"……

　　丁老师的提问对幼儿的发展毫无意义，因为这些问题对幼儿来说没有任何挑战。

　　许多时候，教师总是不断地问孩子们："是不是呀？""好不好呀？"教师和幼儿一唱一和，好不热闹，可是，在这热闹的背后孩子们错失了经验提升和智慧生成的机会。

　　因此，在预设问题时，要认真思考：对于预设的问题，幼儿是可以利用其知识、经验直接回答，还是要整合其经验方能回答？如果是前者，那么这样的提问应尽可能地放弃。

　　"问题"挑战性的判断参考标准如下。

　　（1）如果教师的"问题"还没有讲完，孩子们就说出了答案，那么可以肯定这个"问题"没有挑战性。

　　（2）如果教师刚刚讲完"问题"，马上就有20%以上的孩子表示能回答这个问题，那么可以肯定这个"问题"没有挑战性。

　　（3）幼儿可以用已有知识和经验迅速地直接回答的"问题"，也是没有挑战性的。

　　（4）幼儿缺乏相应的知识、经验、智慧和能力基础的"问题"，幼儿无从回答，这是超越了幼儿基础的"问题"，不符合"'问题'要有一定的挑战性"的要求。

　　（5）"问题"的挑战性应体现在对幼儿的知识、经验、智慧、能力、态度等方面，而不仅仅是对幼儿知识和经验的挑战。

4."问题"要有利于幼儿的可持续发展

　　教师的提问最重要的不是让幼儿阐述其过去的经验，而要有利于幼儿可持续发展的品质，如思维能力、想象力、自信心、好奇心、良好学习习惯等的发展。比如，通常教师讲完故事后，喜欢按顺序提出六个问题：①"故事的名称是什么？"②"他这样做为什么对？为什么不对？"③"故事里面有谁和谁?"④"他们都说了些什么?"⑤"他们都做了些什么?"⑥"这个故事告诉了我们什么道理?"这样的提问只是调动了幼儿的记忆力,而对更具可持续发展意义的思维能力和想象力的发展没有任何帮助。

教师讲完故事后,可以向幼儿提出这样六个问题:①"你最希望你是故事中的谁?为什么?"②"假如你是故事中的×××,你会怎样做?为什么?"③"假如你是故事中×××的好朋友,你将为他做些什么?"④"我们班谁最像故事中的×××(正面人物)?为什么?"⑤"你想对故事情节进行怎样的改编,从而使故事更加有趣?"⑥"故事往后发展可能会怎么样?——大家想想,你希望××今后怎样?你希望故事会有什么不同的结局?"这样的提问充分调动了幼儿的情感态度、想象力和思维能力,同时使故事活动变得更加有趣,进而增强了故事活动对幼儿的吸引力。

提问不仅仅是为了让幼儿记住知识,更重要的是让幼儿获得能力的提高和智慧的生成,甚至应该有利于幼儿良好思维习惯、学习态度乃至人生态度的形成。

有时教师的不当提问会让幼儿丧失自尊,这不利于幼儿的可持续发展。比如,有的教师在组织各种教学活动的过程中,发现幼儿没有用心听讲或者思想开小差,就对这个幼儿提问,以便引起该幼儿的注意。在这种情况下,幼儿一般回答不上来老师所提出的问题,会感到难堪。虽然这种方式可能会使幼儿的注意力转移到教学活动上来,但同时往往会伤害幼儿的自尊心。有的教师喜欢不断地给幼儿提问题,直到他回答不上来为止,这种方法同样会造成负面后果。

(二)程序

预设问题一般包括以下程序。

1. 确定提问的目的

提问的目的是提问的核心,当然也是预设提问的核心,提问的其他环节都应该围绕这一核心来展开。教育活动中教师提问的目的在于:

(1)激励幼儿参与教育活动;

(2)发动幼儿回顾以前所学知识或所学的有关材料;

(3)发动幼儿运用过去获得的知识与经验讨论某一话题、论题和问题;

(4)引导幼儿进行创造性思维;

(5)诊断幼儿的知识、能力,如有些提问是为了查明幼儿是否掌握了某些知识与技能,存在哪些缺陷需进行补救;

(6)估计幼儿对某一学习任务的准备情况;

(7)确定教育活动目标所要达到的程度;

(8)激发与保持幼儿的兴趣和注意力;

(9)控制幼儿的行为;

(10)鼓励幼儿参与教育活动过程,鼓励幼儿在教育活动中做出贡献。

教师可根据自己的目的来设计提问的方式和内容。

案例2-5 蝴蝶长什么样子呀?

情境:中班美术活动"画蝴蝶"。教师的教学目标是让幼儿画蝴蝶,因此在活动开始时,教师先了解幼儿是否认识和了解蝴蝶,幼儿在了解蝴蝶的简单轮廓特征的前提下学习如何画出美丽的蝴蝶。

教师:小朋友们都见过蝴蝶吗?

幼儿:见过。

教师:蝴蝶长什么样子呀?

幼儿七嘴八舌地回答。

教师:蝴蝶有翅膀吗?

幼儿:有,有两只翅膀。

教师:还有什么?

幼儿1:嘴巴。

幼儿2:眼睛。

教师:哦,还有嘴巴、眼睛。还有什么?

幼儿3：还有触角。

教师：嗯，还有触角。那蝴蝶的触角是什么样子的？

幼儿4：长长的。

幼儿5：弯弯的。

教师：哦，那蝴蝶的触角有这么粗吗？（教师用手指比画了一个较粗的样子）

幼儿：没有，蝴蝶的触角是细细的。

……

教师提问的目的很明确，就是了解幼儿是否清楚蝴蝶的大致外形，因此，教师从蝴蝶最明显的特征——翅膀来进行提问，发现幼儿都清楚此特点；教师接着问"还有什么"以了解幼儿是否知道蝴蝶的其他特征；教师最后了解幼儿是否能注意到蝴蝶有触角这一关键特征以及触角的细节特征。

2. 了解幼儿的"问题基础"

在预设问题时，教师要思考：幼儿依靠自己原有的知识、经验、能力能直接回答这个问题吗？幼儿回答这个问题还需要哪些知识、经验或能力的支持？理清这两个问题，有助于预设出更加适合幼儿基础的问题，同时，亦为提问时向幼儿提供更加有效的支持奠定基础。

3. 设计出具体问题

教师可根据提问的目的，在了解幼儿对相关问题的知识和经验等基础后，设计出具体的问题。可参考如下提问目的与问题的对应关系，编制出自己的问题。

（1）引起幼儿回忆。

幼儿在回答这类提问时，需要回忆他们学过、听过、看过或经历过的事情。如：

- "这是什么？"
- "三只小猪的故事是讲什么的？"
- "今天在上幼儿园途中，你看到了什么有趣的事情？"

- "大猩猩是怎么叫的?"
- "昨天在回家的路上你看到了什么?"
- "昨天范老师穿的衣服是什么颜色的?"
- "幼儿园的每一层楼有多少级台阶?"
- "十字路口的信号灯最里边的灯是什么颜色的?"
- "西红柿盆景里长出了多少个西红柿?"
- "你看到过金鱼闭眼睛吗?"

（2）引发幼儿对事物进行比较。

这类提问使幼儿把注意力集中在物体的相对关系方面，包括比较物体的异同、物体的相对关系等。如：

- "比比看，这两个皮球哪一个大，哪一个小?"
- "这两只杯子，哪些地方相同，哪些地方不同?"
- "你怎么知道这是小猫的妈妈，那是小狗的妈妈?"

（3）引起幼儿对事物的注意。

当希望幼儿观察某一事物时，这类提问可以帮助幼儿集中注意力。如：

- "请你们告诉我，今天我们班谁没有来?"
- "在这幅图上画了一个没有遵守交通规则过马路的人。你能说出他怎样不遵守交通规则吗?"

（4）引发幼儿表达个人意见和感觉。

这类提问通常在征求幼儿的意见或进行讨论时采用。如：

- "我们班上准备养一种动物，你建议养哪一种呢?"
- "我看到王敏今天特别高兴。王敏，今天有什么事让你这么高兴呢?请讲给小朋友们听听。"

（5）引导幼儿说出事物的因果关系。

这类提问通常是要幼儿从事情的结果找出原因或预测某种事情的结果。如：

- "这门怎么会砰的一声关起来呢？"
- "把冰块放进热水里，将会怎么样？"
- "为什么夏天人容易出汗呢？"
- "为什么只有下雨天才穿雨鞋呢？"
- "为什么秋天树叶会掉下来呢？"
- "为什么人不能飞翔？"

（6）引发幼儿想出解决困难的办法。

这类提问通常是假设某种情境，让幼儿动脑筋，想出解决困难的办法。如：

- "如果你和家人逛街时走散了，你会怎样做？"
- "如果吃饭时没有筷子，也没有刀和叉，你怎样进食？"
- "下雨时没有伞，怎么办？"
- "如果一个陌生的叔叔叫你一起走，你该怎么办？"
- "如果在幼儿园尿裤子了，你怎么办？"
- "迷路了你怎么办？"
- "如果我们班新来一个小朋友，你怎么跟他搭话？"
- "如果一个小朋友独占秋千，你也想玩，你会怎么做？"
- "一个小朋友正在哭，你做什么可以让他高兴？"
- "你们知道哪些物体膨胀现象给我们的生活带来了方便？而哪些物体的膨胀现象会妨碍我们的生活？"

（7）引发幼儿的想象力和创造力。

这类提问通常是鼓励幼儿从多个角度去思考，然后给出富有创意的答案。如：

- "含有圆的东西是……"
- "有什么办法让鸡蛋停止滚动呢？"
- "铅笔可以拿来做什么？"
- "砖头可以拿来做什么？"
- "如果没有电会怎么样？"
- "狗狗刚才说什么了？"
- "那朵云像什么？"
- "如果灰姑娘没有丢水晶鞋会怎么样？"
- "如果天一直不下雨会怎么样？"

4. 对预设好的问题进行反思

问题预设好后，教师要对预设好的问题进行反思：这样提问能达到我预期的目的吗？为什么？

这样的反思让我们理清提问的理论与实践依据，让我们预设的提问更加缜密，更加有利于幼儿的发展。

二、提出问题的技巧

提出问题这一环节就是教师向幼儿提出为本次教育活动预设的问题。

（一）条件

教师向幼儿提出问题应该注意以下七个原则。

1. 目标导向原则

向幼儿提问时，教师不要忘记了自己预设的提问目标是什么，提问目标决定了提问的形式和提问的对象。比如，提问是为了提高全体幼儿学习和思考的积极性,那么问题就应该是向全体幼儿提出的,而不是向某个特定的幼儿提出的;又如,提问是为了引发幼儿进一步讨论,那么就要提问那些平时就比较有创意的幼儿。

2. 全体性原则

在提问过程中教师要尽量做到公平地对待每一个幼儿,考虑提出的问题是否调动了全体幼儿的积极性,应给予幼儿平等回答问题的机会,并根据幼儿能力水平的不同而提出不同难度的问题,让他们都有表现自我和获得成功的机会。如,在故事活动"小熊的一家中",对能力相对较弱的幼儿,设计提问:"熊妈妈爱小熊吗?"对能力相对稍强的幼儿,设计提问:"熊妈妈是怎样做的?"而对个别能力相对较强的幼儿,则设计提问:"你是从什么地方感受到熊妈妈爱小熊的?"由于教师准确地针对幼儿的个体差异特点来选择恰当的提问方式,进行有目的、有层次的提问,使每个幼儿都乐于主动地回答问题,在互动的氛围中积极参与活动。教师应允许幼儿充分发表自己的意见,使幼儿乐于思考、回答问题,从而有利于活动目标的实现。教师应适当增加提问幼儿个体的数量,关注幼儿的个体间差异;应避免只对某一特定部分的幼儿提问,使其他幼儿觉得教师的提问与自己无关,认为教师并不真心实意地希望他们回答问题,从而失去了学习的主动性,也降低了问题的有效性。

案例 2-6 被提问是爱的一种表示

4岁的芳芳这几天正在为上幼儿园的事和父母闹别扭。每次一提去幼儿园,她就很不乐意。问及原因,芳芳支吾了半天说:"老师上课提问题,让我们举手回答。她问的我都会,可我举了好几次手,老师都不叫我。还有,我们吃饭前老师会叫小朋友摆碗,可是最近一直没叫我摆。老师肯定是不喜欢我了。"

提问,不仅仅是为了达到认知的目的,还是教师对幼儿表达爱的一种方式。

提问不仅仅是教师与被提问者之间的简单对话,它还是促进全体幼儿的发展的一种手段。因此,教师在选择提问对象时一定要考虑:选择提问对他及其他幼儿的发展有何积极影响和消极影响?如何充分发挥其积极性,避免消极影响?比如,教师要思考:提问张三时,其他小朋友的任务是什么?他们绝对不应是教师与张三问答的旁观者,他们一定也有自己的任务,比如看看别人的回答与自己的有何不同,听完别人的回答自己再告诉大家。为此,幼儿必须认真听,必须思考别人的回答与自己的回答的差别,然后才能在后续活动中表达自己的意见。现实中,我们经常看到的情况是:教师提问张三后,其他孩子只能做看客——由于没有任务,所以只能乱说乱动,东张西望,处于思想开小差状态。

案例2-7 你凑什么热闹呢?!

在幼儿园跟班见习时,我发现有个孩子在各项教育活动中始终不举手,但在一次公开课上,她却举手了。只见老师走过去轻轻地把她的手摁下,然后小声地对她说:"你凑什么热闹呢?!"

不知道这位老师为什么这样做,或许老师担心那个孩子回答不出问题或者说错了,给她丢脸;或许……但不管怎样,老师的这种行为不仅给孩子带来了精神上的伤害,甚至会给她的求知欲、她对知识的向往、她对学习活动的热爱以及她对未来生活的期待都造成很大的伤害。

3. 尊重性原则

提问要体现对幼儿的尊重。因此,教师向幼儿提问时态度要好,同时,还要尊重幼儿的沉默权。

有许多教师认为,为了促进幼儿言语能力的发展,为了使内向的幼儿活泼开朗,应该多对那些越不想回答问题越害怕回答问题的幼儿"点名"提问,让他们有更多的锻炼机会和发展机会。如果一个能力比较弱而且自卑感比较严重的幼儿,出于保护自尊心和面子的心理不愿意主动举手回答问题,那么教师绝对应该尊重他们的沉默权，否则，他们的自尊心和自信心将会再次受到冲击，他们会变得更加内向、更加自卑。

案例 2-8　宁静不愿来幼儿园了

早上，宁静的妈妈送宁静来幼儿园时对张老师说："宁静这几天说她不想上幼儿园了，因为老师每次讲故事都让她起来回答问题。"

张老师分析说："宁静文静又听话，很多方面都不错，绘画尤其好，就是不爱举手发言。每次老师讲完故事后让她起来回答问题，她都说不会。我想，如果不锻炼她，那么她的胆量和口语表达能力就得不到提高，因此，我们就利用一切机会锻炼她。没想到这样会让孩子产生恐惧心理，以致她不愿上幼儿园。"

案例 2-9　我们班平时谁最不喜欢说话？

在一次幼儿园大班的家长开放日活动中，教师讲完故事《猫医生》后，问了幼儿一些与故事有关的问题。很多幼儿都举起了手，这时教师说话了："我们班平时谁最不喜欢说话？"幼儿异口同声地说："贝贝，思奇，梦瑶。"然后教师就说："那我们今天就请他们三个来回答问题。爸爸妈妈都看着你们哦！"结果三个孩子脸憋得通红，什么都没有回答，只是不停地转过头去看父母。

教师为了锻炼贝贝、思奇、梦瑶，而将他们的"缺点"——不喜欢说话公布出来，这是对这些孩子的不尊重。孩子的"缺点"特别是性格上的"缺点"，应该是幼儿的隐私，应该得到教师和小朋友们的充分尊重。另外，教师如此粗鲁地对待幼儿的"不喜欢说话"的这一"缺点"，不但不利于幼儿改变"不喜欢说话"的性格，而且有可能会让幼儿更加不喜欢说话，甚至不敢在大家面前说话。这种锻炼不仅给幼儿的自信心以沉重的打击，而且大大地挫伤了幼儿的自尊心。

4. 以幼儿为中心的原则

教师提问的目的不是把真理性知识直接告诉幼儿，而是让幼儿在思考的过程中发现自己认识中的矛盾或错误，最后在教师的引导下发现真理性知识。在日常的教学活动中，有的教师经常自问自答；有的教师在幼儿回答不出问题时，自己提供正确答案。教师既做"产婆"又做"产妇"，不利于幼儿思维的发展。教师应该通过提示、探究、转引、反问等技术引导幼儿积极思考，自己得出问题的答案。

5. 兼顾各类型问题的原则

不同类型、不同层次的问题具有不同的功能，也就是说，不同类型、不同层次的问题对发展幼儿的心理具有不同的作用。为了促进幼儿心理的全面发展，在提问时，教师应该兼顾各种类型和层次的问题，不宜偏重某类问题，应尽可能在开放性问题和封闭性问题之间保持平衡，在记忆性问题、想象性问题和思维性问题之间保持平衡。

6. 因材施问原则

不同类型、不同层次的问题适合不同类型、不同水平的幼儿来回答，教师要尽可能让更多的幼儿参与到问题的思考与解答过程中来。

教师应该针对不同水平的幼儿提出不同的问题，如，容易的问题问水平差一点的幼儿，难的问题问水平较高的幼儿，使尽可能多的幼儿参与回答，实现全体幼儿在原有的基础上都得到相应发展的目标。

7. 善意性原则

如果发现有些幼儿在教学活动中思想走神、做小动作、交头接耳、谈论与教学活动内容无关的事情，有的教师会采用提问的方法来使幼儿集中注意力。尽管教师这样做的初衷是好的，但幼儿往往会把它理解成一种变相的惩罚。因为被提问的幼儿由于注意力不集中根本没有听到教师的提问，肯定回答不出问题；而教师明知幼儿回答不了，还故意向他提问，幼儿会认为老师在有意刁难自己或使自己难堪，从而对老师产生敌意，导致师幼关系紧张。

案例 2-10　老师不喜欢你这样的孩子

一天，老师在上数学课，小松不认真听课，在下面讲话。老师于是提问他："小松，池塘里有 3 只小鸭子，又游来了 2 只，现在池塘里共有多少只鸭子？"小松站在那儿答不出来，满脸通红，教师脱口而出："上课不认真听课，从明天开始你就不要来幼儿园了。老师不喜欢你这样的孩子。"第二天小松照常来到幼儿园，有些小朋友就笑他："老师不是让你不要来幼儿园了吗，你干吗还来？老师又不喜欢你，厚脸皮……"小松连头都不敢抬了，也不再和其他小朋友说话、玩耍……

教师绝对不能拿提问来惩罚幼儿。当幼儿思想开小差时，教师应该采用其他方法，比如改进教学活动方式、改变教学内容来吸引幼儿的注意力。

（二）程序

教师向幼儿提出问题一般有以下两种程序。

程序一：先向全体幼儿提出问题，再点名问某个幼儿。这样，可保证每个孩子都有思考问题的机会。

程序二：先提出问题，再点名让幼儿回答。教师不可以"先点名，后提问"。这样，才能保证被提问者有适当的思考时间，进而更好地回答教师的提问。

三、候答的技巧

候答就是教师向幼儿提出问题后等候幼儿的回答。

（一）条件

教师在候答时，应该注意以下两点要求。

1. 适宜的时间

教师提出问题后，一般要停顿 3~5 秒钟的时间，让幼儿思考后再回答。学者厉凌华（2000）发现，国内教师给幼儿的候答时间很短，仅为 1~2 秒。而实际上，候答对幼儿与教师都相当重要。心理学家们经过对比实验——给提问过程增加 3 秒或更长的等待时间——得出的结论是：稍长的等待时间对幼儿的语言行为发展有很好的效果，幼儿会对问题给出更长、更多的回答。此外，研究表明，候答时间超过 3 秒，对教师的行为和态度也会产生积极的影响：教师的提问策略会更富于变化，减少了提问数量却提高了提问质量，丰富了提问类型。

另外，问题的性质不同，候答的时间也应该有所差别，如，对于比较简单的铺垫性、过渡性的问题，或为了考查幼儿对某个知识技能的熟练程度和反应速度的问题，候答的时间可以短一些；对于比较关键的问题。或为了巩固复习而提出的问题，候答的时间可稍长一些；提出较重要的问题后，要让幼儿思考较长一段时间后再叫幼儿回答。

候答的时间稍长一些，幼儿就会对问题做出更加详细、周密的回答，更有利于提高幼儿回答问题成功的概率，进而提高幼儿的自信心和回答问题的积极性。

2. 关注全体幼儿

在候答期间，教师要保持对全体幼儿状态的关注，并且对每个幼儿都给予同样的期待眼神。

（二）程序

候答一般包括如下程序。

1. 环视

问题提出后，教师要环视幼儿，通过幼儿的表情等了解哪些幼儿能够回答该问题，哪些幼儿喜欢回答该问题。

2. 确定被提问者

根据提问的相关原则，将潜在的被提问者确定为被提问的 1 号种子、2 号种子、3 号种子、4 号种子……

教师确定被提问对象时，要考虑其回答对全班幼儿的发展价值，不同幼儿的回答，其价值是不一样的。比如，问某孩子某些问题，他很快就将正确答案展示给大家了，这样的回答虽然让孩子们很快知道了正确答案，却让孩子们失去了从错误到正确的研究探讨的过程，幼儿获得的经验和知识都不完整——幼儿只得到了正确的知识，而未获得错误的知识和经验。这样快速地让孩子们获得答案反而不利于幼儿的可持续发展。

四、幼儿回答时的应对技巧

幼儿在认真思考的基础上，对教师提出的问题按照自己的理解给予回答，这时教师应做出恰当的回应。

（一）条件

在幼儿回答提问时，教师应该注意以下两点要求。

1. 认真倾听

当幼儿述说自己对相关问题的见解时，教师要一直微笑着将视线放在幼儿的鼻子与眼睛之间，并适时地点头和配以语言："嗯。""喔。""不错。""很有道理。""继续说。""说得很好。""慢慢说。""刚才我没有听清楚，我想再听你讲一遍。"教师还可适时地向孩子竖起大拇指……

2. 耐心地听

当幼儿述说自己对相关问题的见解时，教师要耐心地听完，绝对不能中途强行打断幼儿的述说。这是对幼儿的尊重和鼓励。

（二）程序

在幼儿回答教师提问时，教师要表现出对幼儿回答内容的关注和兴趣，具体程序如下。

（1）认真倾听幼儿的述说。

（2）鼓励幼儿将自己的想法述说清楚。

（3）给予幼儿适当的引导。

五、理答的技巧

理答是指教师对幼儿回答的应答和反馈，是教师紧随幼儿回答后的反应。实验表明，有效理答直接与幼儿回答的效果成正比，即教师的理答越积极主动，教师越持肯定、欣赏的态度，幼儿越能主动、积极地参与学习活动。

（一）条件

教师在理答时应该注意以下两点要求。

1. 接受并尊重幼儿

不管幼儿的回答对否，也不管幼儿的回答是如何离谱，教师都应该接受并尊重幼儿的回答，不要因为幼儿没有给出预期的答案而批评、指责幼儿，同时，要教育其他幼儿不取笑别人"幼稚""愚笨"。

当幼儿回答错误时，不要引导其他幼儿："××回答错了没有？错在哪里？"教师要鼓励该幼儿说出其中的"道理"；对幼儿错误的回答，教师应该采取"不批评原则"，承认每个幼儿的说法都是有道理的。

幼儿的回答，无论对与错，都是幼儿对世界的一种认识，都应该被老师和小伙伴们接受与尊重。

案例 2-11　鱼的家在哪里？

在幼儿园的一次诗歌教学活动中，腾老师读出一句诗："大海是鱼的家。"然后，腾老师问："鱼的家在哪里？"许俊文回答说鱼的家在水里，腾老师态度轻蔑地发出了一声"嗯？"。接着腾老师问大家："他说得对吗？鱼的家在哪儿呀？"最后，她转向刚刚发言的许俊文小朋友，凶巴巴地说："不认真听！坐下！下次想好了再发言。"

在理答过程中，类似的不尊重幼儿的情形时常上演。当孩子们说出的答案与教师预期的不一样时，教师往往表现出否定、厌恶、不高兴的态度，这严重影响了孩子们思考和表达的积极性。

2. 鼓励幼儿

幼儿所给的答案不一定正确，但教师始终不要忘记对幼儿敢想、会想、敢表达进行肯定与鼓励。

提问不仅仅是为了教给孩子们真理性知识，更是促进幼儿的智力和非智力因素发展的一种手段。因此，理答不能仅仅关注答案正确与否，更要关注幼儿的回答对幼儿发展的其他意义。

（二）程序

在幼儿回答问题后，教师应根据幼儿的不同表现采用不同的程序回应幼儿的回答，以便更好地促进幼儿的健康发展。

1. 当幼儿回答正确时的理答程序

当幼儿回答正确时，教师的理答程序如下。

（1）对幼儿的答案及其本人给予肯定。如，"你的理解很正确。你能这样回答，说明你听课很认真，也很爱动脑筋，你真是个爱学习的好孩子。"

（2）问幼儿："你是怎么想出这样的答案的？"这样的提问有利于幼儿整理和提升自己的经验，有利于提高其思维能力和表达能力。

（3）对幼儿的回答进行肯定或引导。教师可以根据幼儿回答问题过程中的情况给予相应的鼓励和肯定，如可以说："其实你的声音很好听，要是胆子大一点，你一定会很棒！""请将你的发现大声告诉大家，好吗？""你的脑筋动得真快，声音又那么响亮，谢谢你为大家开了一个好头。""我听出来了，你的思路是对的，能再说一遍吗？"幼儿可从老师的表情和话语中感受到温暖和鼓励。

2. 当幼儿的回答有创意时的理答程序

当幼儿的回答很有创意但不一定正确时，教师的理答程序如下。

（1）竖起大拇指对该幼儿说："你说的很有道理。"（在夸幼儿有创意的回答时，不能将"有道理"改为"很正确"，因为幼儿有创意的回答确实有一定的道理，符合一定的生活逻辑，但它不是符合真理要求的正确答案。）"你说的很有创意！""真棒！你的想法就是和其他小朋友不一样！""你的回答与众不同，真了不起！"

（2）对该幼儿说："你能告诉大家你是怎么想的吗？"

（3）幼儿说完很有创意的理由后，教师竖起大拇指对该幼儿说："你说的真的很有道理。""你的想法很奇特，老师欣赏你。"

案例2-12 小蛋会长成大蛋

在一个关于蛋的主题活动中，范老师将鸵鸟蛋、鹅蛋、鸡蛋、鹌鹑蛋、相思鸟蛋、翠鸟蛋等，分别从小到大排成一列，然后提问幼儿："小朋友们，你们看看，这些是什么呀？"幼儿回答："是蛋。"范老师又问："你们还看到了什么、想到了什么？"小牛说："我想，我和宏云两个人一餐都吃不完一个那么大的鸵鸟蛋！"晓勇说："我相信，那个最小的蛋过三个月后一定能长得像那个最大的蛋那么大。"有不少小朋友笑了。范老师竖起大拇指对该幼儿说："你说的很有道理。你能告诉大家你是怎么想的吗？"晓勇回答说："我看到小鸡过了一段时间就长成了大鸡；小鸭过了一段时间就长成了大鸭；小牛过了一段时间就长成了大牛；小鱼过了一段时间就长成了大鱼……所以我认为，小蛋过一段时间一定会长成大蛋!"范老师笑眯眯地回应道:"你说的真的很有道理。"

范老师不仅没有因为晓勇未回答出真理性答案而批评他或者否定他的答案,反而夸其不符合"真理"要求的答案"有道理"。然后范老师引导晓勇将其中的"道理"说出来。当晓勇说完他的"歪理"后,范老师不仅没有矫正他的错误,更没有批评他"瞎说",反而笑眯眯地回应道:"你说的真的很有道理。"这分明是在鼓励晓勇"瞎说"。

其实,范老师的教育意图是很明确坚定的:在教育活动中,她将"培养幼儿敢想、会想、敢表达、会表达"看得比"把正确的知识传授给幼儿"更重要。

3. 当幼儿回答出现犹豫时的理答程序

当幼儿回答出现犹豫时,教师的理答程序如下。

(1)对于把小手举得矮矮的或战战兢兢地举起手又放下的幼儿,鼓励他:"我知道你已经想好了,对吧?你来回答老师的问题吧!说错了也没关系。"

(2)重述问题。如果是幼儿没有听清楚问题,教师可以重述刚刚提出的问题,然后问:"老师说清楚了没有?"(不要问:"你听清楚了没有?"因为这样会给孩子带来自责和压力。)

(3)微笑地看着幼儿说:"别着急,我们都在耐心地等着你的回答呢。""回答错了不要紧,重要的是把你的想法说出来。"

(4)用鼓励的口气跟幼儿说:"一下子给忘了,是吧?没关系的,等会儿想起来后你再告诉大家,好吗?"

4. 当幼儿回答错误时的理答程序

当幼儿回答错误时,教师的理答程序如下。

(1)重述问题,确认幼儿已经听明白了老师的问题。

(2)微笑着对幼儿说:"你能告诉我你是怎么想的吗?"然后根据幼儿的回答结果,再按如下两种程序进行。

①幼儿在"整理思路"的过程中发现了正确答案并做出了正确的回答,

这时，教师应给予幼儿肯定和鼓励，如，可以跟幼儿说："×××，你终于找到正确答案了，我为你感到高兴。"对于自信心不足的幼儿，教师可以这样说："看，通过思考你不是找到正确答案了吗？多给自己一些信心，你会更棒的！"

②幼儿在"整理思路"的过程中仍未发现正确答案，这时，教师可以根据幼儿的具体情况有选择性地提供以下三种引导方式。

A. 提供线索，让幼儿自己找到答案。

B. 降低提问的难度，将大问题分解为一个个小问题，然后一步步地引导幼儿找到答案。

C. 对于那些有较强自信心的孩子，让其听听别人是怎么回答的，是怎么想的。

六、反思"提问"的技巧

为了不断地增强利用提问这一教育手段的能力，在每次提问结束后，或者在每次教育活动结束后，教师都应该对本次教育活动中的"提问"这一教育手段进行反思。

（一）条件

教师在反思"提问"时，应该注意以下两点要求。

1. 根据教育目标来反思

如，"这个提问预设的目标是什么？本次提问达到预设的目标没有？为什么？"

2. 反思的内容要全面

反思的内容应该包括反思提问目标、提问内容、提问形式、提问时机、提问对象的适宜性。

3. 充分认识提问的局限性

幼儿最有效的学习方式是其自身与材料、与环境、与周围人的互动。幼儿主要是在与环境的交互活动中获得经验和成长的，而提问这种教育手段主要是通过语言交流来使幼儿获得发展，它必须以幼儿的经验、体验为基础，否则，提问只能让幼儿获得"死答案"和"死知识"。

另外，提问虽然能在一定程度上调动幼儿参与活动的积极性，但幼儿这种参与仍然是被动的。因为问题是教师提出来的，幼儿只有回答的权利而没有发问的权利，也就是说，幼儿的参与只是应答式的参与，而且是不平等的对话式的参与，提问往往容易变成单向的"审问"式教学，幼儿被置于不利或无权的地位，无法控制"对话"的流向，无法选择话题。未被提问的幼儿被排斥在"对话"之外，而被提问的幼儿往往进入一个早已预设好的对话之中，只能按照教师的要求说出教师想要的答案，否则，他就可能感受到压力。"这种情况有点类似于一个人被突然推进一出正在演出的戏剧之中，而他的任务被限定为只能沿着别人的话题随声附和。"

（二）程序

教师反思"提问"可从以下几个方面进行。

（1）提问的效果如何？这方面的依据是什么？

（2）提问效果分析：是什么原因让提问的效果出乎意料地好？是什么原因让提问的效果出乎意料地差？

（3）本次提问及其效果为今后利用"提问"这一手段提供了哪些有益的启示？

不断进行"提问"反思，教师提问的技巧就会不断提高，提问的水平也会不断提高。

七、综合实训

实训 2-1　留心听听明辉怎么说

有位教师问小明一个问题，但小明不会回答，于是教师就请明辉代答。她说："明辉，请代小明回答吧！小明，留心听听明辉怎么说。"

你认为教师这样做合适吗？小明会有什么感觉？如果是你，你会怎样做？

实训 2-2　左手右手

文亮的知识经验基础比较差，当利老师提问时他却非常积极地举手，可是利老师真正提问他时，他又时常回答不出。后来利老师了解到：文亮之所以经常不知道答案也举手，是因为他怕其他小朋友笑他笨。于是，利老师就跟他说："今后老师提问，你会回答时，就举右手；不会回答时，就举左手。你举右手时，老师就提问你；你举左手时，老师就不提问你。"

从此以后，再也没有出现文亮举手被老师提问却因不知道答案而尴尬的局面。

你认为利老师这样做好吗？为什么？如果是你，你将如何做？

实训 2-3　你把机会给谁？

教师：小朋友们看看，这个字宝宝是谁？

幼儿："提"字。

教师：哦，真聪明。这个字宝宝又是谁呢？请举手。

很多幼儿举手，有的小朋友把手举得高高的，大声叫着："我，我……老师，我知道，叫我！"

教师：现在，我想请坐得最好、手举得最漂亮而且没有讲话的小朋友来告诉我。

结果每个孩子都坐得好好的，手举得高高的，而且再也没有人讲话。

请问，这时候你将把答问机会给谁？为什么？你如何让小朋友们感觉到老师是公平的？

实训2-4　大家来帮帮他

老师："××，你说得不对！"

老师："大家说说，刚才××所说的有什么地方错了？"

教师这样回应好吗？为什么？你会如何改进？

实训2-5　闭嘴！

在大班的健康活动中，教师在引导幼儿树立保护牙齿的意识。

教师：小朋友们吃了甜食以后要刷牙，不然牙掉了，就像没牙的老奶奶一样，没法吃东西了，知道不知道？

幼儿：知道。

幼儿1：我姐就掉了两颗牙。

幼儿2：用望远镜能看到牙里的细菌。

幼儿3：不对，我妈妈说是显微镜。

幼儿2：是望远镜。

幼儿3：是显微镜。

教师：闭嘴！听老师讲，吃了甜食之后，要怎么样啊？

幼儿：刷牙。

……

老师的理答错在哪里？如果你是老师，你将如何理答？

实训 2-6　伍老师笑了

在中班的数学活动中，教师让幼儿"比较多少"。

伍老师问："小熊、汽车、皮球和小鱼，谁的数量最多？"韦宝回答说："皮球。"伍老师没有反应。邓宏民回答说："汽车。"伍老师还是没反应。黄小娅回答说："小熊。"伍老师终于笑了，并重复提问："谁的数量多呀？"小朋友们齐声地回答说："小熊。"伍老师兴奋地回应："回答正确！你们真聪明！"

……

伍老师这样的应答错在哪里？如果你是伍老师，你将如何应答？

实训 2-7　刚才我讲了一个什么故事？

在小班的社会活动中，教师讲完小树叶的故事后，让幼儿回忆故事的内容。

姚老师提问："刚才我讲了一个什么故事呀？"一个幼儿回答，宋力却在自己玩，没有好好听课。姚老师生气地对宋力说："你站起来说，刚才我讲了一个什么故事？站起来说，大点儿声！"宋力很尴尬，一声不吭地站着。

姚老师如此做错在哪里？如果你是姚老师，你将如何做？

实训 2-8　脖子很长的动物是什么？

有位教师在科学活动"认识长颈鹿"中是这样提问和理答的：
教师：小朋友们，你们去过动物园吗？
幼儿1：去过。
教师：动物园里好不好玩呀？

幼儿2：好玩。

教师：动物园里都有些什么动物呀？

幼儿3：大象。

教师：还有吗？

幼儿4：老虎。

教师：还有什么？

幼儿5：孔雀。

教师：还有没有？

幼儿6：猴子。

教师：有一种动物的脖子很长，它是什么？

幼儿7：仙鹤。

幼儿8：长颈鹿。

教师迅速回应：对，就是长颈鹿。

然后教师呈现挂图，接着问："请小朋友们说一说，长颈鹿长什么样子呢？头上有什么？身体上面有什么？身体下面有什么？身体后面有什么？它喜欢吃什么？它的生活环境是怎样的？"

大家如何评价该教师的上述提问？如果是你，你将如何提问？

实训2-9 面临的真实困境

一位教师说："我们班的孩子思维很活跃，这一点在进行思维训练活动时尤为突出。问题一提出，孩子们就纷纷举手发言，很多孩子都能多次发言。作为老师看到这一幕自然感到很欣慰，可是让我为难的是，一节课的时间到了，还有不少孩子仍然举着小手要求发言。看着孩子们充满期待的眼神，我真不忍心拒绝他们，可为了不影响后续的活动，我只好草草收场说：'好，时间到了，还有要发言的下次再说吧！'举手的小朋友们只好一脸失望地把手放下来。"

请大家思考：是否有比草草收场更好的应对办法？

实训 2-10　长了 8 只眼睛

幼儿园小班在上计算课，作业内容是手口一致地点数"2"。老师讲完后，带小朋友们一起练习。老师问一个小朋友："你数一数，你长了几只眼睛？"该小朋友回答："长了 3 只。"

年轻老师一时生气，就说："长了 4 只呢。"

该小朋友也跟着说："长了 4 只呢。"

老师说："长了 5 只。"

该小朋友又说："长了 5 只。"

老师气得直跺脚，大声说："长了 8 只。"

该小朋友也跟着猛一跺脚说："长了 8 只。"

老师忍不住笑了起来，该小朋友还以为对了，也咧开嘴天真地笑了。

案例中老师的理答错在哪里？如果你是该老师，你将如何理答？

实训 2-11　不知道答案的不要胡说八道

陆老师在给幼儿讲故事。当讲到冬天下雪后，小公鸡和小花猫出来晒太阳时，陆老师停下来问："小朋友们，青蛙和蛇为什么不出来晒太阳呢？"一个幼儿回答说："因为青蛙和蛇没有衣服穿，怕冷，所以没有出来。"陆老师生气地说："不知道答案的不要胡说八道！这叫'冬眠'，记住了吗？"

陆老师这样理答错在哪里？如果你是陆老师，你将如何对幼儿的回答进行回应？

实训 2-12 大家猜猜

大班语言活动"小兔的鞋子"刚开始,李老师便出示了一个漂亮的盒子:"猜猜,这里面会是什么呢?"幼儿胡乱瞎猜:娃娃,水果,巧克力,玩具……最后,在幼儿探询的目光中,教师从盒子里拿出一双红皮鞋,提示课题。

案例中李老师如此提问好不好?为什么?

实训 2-13 比较积木的不同

A 老师:"小红,你看看这两块积木,哪块大,哪块小?"
B 老师:"来!小红,摸摸这两块积木,你发现了什么?"

对于同一个内容,上述两位老师的提问是不一样的。你倾向哪位老师的提问?为什么?

实训 2-14 这像什么?

陈老师指着黑板上画的线问:"这像什么?"
皮勇回答说:"像火。"
周邓丽说:"像一条蛇。"
巫丽说:"像筷子。"
……
陈老师回应说:"对,像一条蛇,直直的。我这里有几根管子,它们是怎样排列的呀?"陈老师按由左至右、由长到短的顺序排列四根不同颜色的管子。
有的幼儿说:"由长到短。"
有的幼儿说:"由短到长。"
陈老师回应说:"对,是由长到短。我请坐得最好的苏浩上来,你说,哪一根最长?"

苏浩挑对了。

陈老师说:"为什么你觉得它最长?你是怎么看出来的呢?和什么比出来的?"

苏浩说:"我没有比就看出来了。"

陈老师说:"与这两根短的一比就知道了。"

陈老师在理答方面出现了哪些错误?你觉得陈老师应该如何做?

【参考文献】

[1] 肖川.大师谈教育心理[M].重庆:西南师范大学出版社,2009:91.

[2] 魏运华.自尊的心理发展[M].北京:北京师范大学出版社,2004:4.

[3] 高德胜.生活德育论[M].北京:人民出版社,2005:135.

[4] 斯特弗,盖尔.教育中的建构主义[M].高文,等译.上海:华东师范大学出版社,2002:26.

[5] 王梅.让提问架起师生互动的桥梁[J].家庭与家教(现代幼教),2009(Z1):79-81.

[6] 康丹.幼儿园课程内容的文化透视与构建[J].教育导刊(幼儿教育),2008(3):7-10.

[7] 杨莉君,康丹.对幼儿园集体教学活动中教师提问的观察研究[J].学前教育研究,2007(2):22-26.

[8] 李朝娟.幼儿教师的控制性语言及其对幼儿创造力发展的负面影响[J].教育导刊(幼儿教育),2006(5):11-14.

[9] 曾亚萍.在师幼互动中积累实践智慧挑战自我[J].教育导刊(幼儿教育),2005(9):10-13.

[10] 康丹.幼儿园集体教学活动中教师提问的研究[D].长沙:湖南师范大学,2008.

[11] 边亚华.解读儿童的秘密:以儿童的秘密体验为例[OL].http://www.yejs.com.cn/HtmlLib/27011.htm.

第三章　表扬奖励和批评惩罚幼儿的技巧

表扬就是在幼儿表现出符合教师预期的认识或行为时,为了让幼儿在类似情境中继续表现出这种认识或行为,教师对其公开进行赞美,使大家知道。

奖励就是在幼儿表现出符合教师预期的认识或行为时,为了让幼儿在类似情境中继续表现出这种认识或行为,教师给予一定的荣誉、财物、特殊活动、拥抱等来鼓动和激励幼儿的过程。

从心理学的观点来看,表扬奖励就是一个行为发生后,给予幼儿某种刺激,让其获得的愉快体验增加或痛苦减少,进而提高这一行为的发生概率的过程。请看下面这个表扬奖励与幼儿发展的过程。

情境:地上散落着很多玩具,小惠正在一个人收拾。

贾老师微笑着对小惠说:"你能主动收拾玩具,真是个懂事的孩子。"

后效:将来小惠看见有玩具散落在地上就主动去收拾的行为会增加。

批评惩罚,包括批评和惩罚。批评,就是对幼儿表现出的不符合教师预期的认识或行为进行否定性评价的过程。惩罚就是指当幼儿在一定情境或刺激下做出某一行为后,立即给予厌恶性刺激或者撤除其正在享用的正强化物,以降低该行为在相同或类似的情境或刺激下的发生概率。具体地说,批评惩罚是将幼儿的不良行为与某种不愉快的或惩罚性的刺激结合起来,多次重复配对出现,使幼儿以后在类似情境或刺激下,出现该不良行为的概率降低甚至该不良行为从此消失。请看下面这个批评惩罚与幼儿发展的实例。

案例 3-1　你撞我推

贺老师看到了推挤的一幕,然后开始了下面的谈话。

贺老师:汤朝阳,你刚才似乎推了武志勇。

汤朝阳:是的,我推了他。看看他对我都做了些什么呀!

武志勇:我不是有意的,你正好挡住我了,我没有看见。

汤朝阳:你为什么不看啊?

贺老师:于是你就撞了汤朝阳?

武志勇：嗯，我用一块积木撞了他。

贺老师：用积木……

武志勇（演示）：我这样拿着积木。

贺老师：撞了汤朝阳……

武志勇：但我真不是故意的。

汤朝阳：你是故意的，我敢打赌。

贺老师：汤朝阳，你被积木撞了胳膊，你感到很生气。

汤朝阳：是的。

贺老师：于是你推了武志勇。

汤朝阳：是的。

贺老师：我在想，除了推武志勇，还能有其他方式让他知道你的感受吗？

武志勇：他可以告诉我他很生气。

汤朝阳：但你把我弄伤了。

贺老师：你受伤了……

武志勇：我真不是故意要伤害你的，汤朝阳。

汤朝阳：好吧，下次注意点儿。

在上述过程中，贺老师用间接的方式批评了汤朝阳和武志勇的以牙还牙的武力解决冲突的方式，相信他们今后以这种方式来解决冲突的概率一定会降低。

表扬奖励和批评惩罚在教育活动中被教师们广泛地接受和采用。但是，表扬奖励和批评惩罚是把双刃剑，适当的表扬奖励和批评惩罚有利于幼儿形成良好的行为、态度、情感，有利于幼儿的健康发展；不适当的表扬奖励和批评惩罚则不利于幼儿形成良好的行为、态度和情感，甚至会促使幼儿形成不良的行为、态度和情感，有碍幼儿的健康发展。因此，幼儿教师要正确掌握表扬奖励和批评惩罚的技巧，以便更好地促进幼儿的发展。

一、表扬奖励和批评惩罚的条件

表扬奖励不是万能的,它的使用是有条件的。教师应该了解正确使用表扬奖励这一手段的条件。

(一)表扬奖励和批评惩罚的原则

为了更好地促进幼儿的健康发展,教师在对幼儿实施表扬奖励或批评惩罚的过程中应该遵循以下七个原则。

1.目的性原则

作为一种教育手段,表扬奖励和批评惩罚是有目的的,其目的就是促进幼儿的健康发展。表扬奖励重在促进幼儿形成良好的行为、态度和情感;批评惩罚重在防止幼儿形成不良的行为、态度和情感,或消除幼儿已形成的不良行为、态度和情感。

我们在实施表扬奖励或批评惩罚这两种手段前要明确三个问题:一是,明确我们的教育目的是什么;二是,如何表扬奖励或批评惩罚更有利于教育目的的达成;三是,凭什么判断那样表扬奖励或批评惩罚真的能达到教育目的。如果这三个问题没有弄清楚,那么表扬奖励或批评惩罚就是盲目的,就可能是无效的,甚至是负效的。

坚持目的性原则,在表扬奖励和批评惩罚实践中,教师应该注意:表扬奖励、批评惩罚的内容和形式要符合教育目的的要求,要为教育目的的达成服务。

需要特别注意的是,表扬奖励和批评惩罚所涉及的教育目的不仅指本次教育活动的目的,更指《幼儿园工作规程》和《幼儿园教育指导纲要(试行)》中所提出的幼儿园教育目的。

2. 公平公正性原则

我们在对幼儿进行表扬奖励或批评惩罚时要公平公正地对待每一个幼儿，要保证在同等条件下，每个幼儿得到表扬奖励或受到批评惩罚的机会是均等的。因为在表扬奖励或批评惩罚方面的不公平和不公正，将会导致幼儿内心不满、不平、有怨气，这对全体幼儿来讲都是不好的，有可能会对他们的心理健康成长造成障碍。比如，在笔者见习过的中班里，有一个特别调皮的小男孩，他喜欢跟别人争吵，还经常违反常规纪律，无论老师如何警告，他都熟视无睹。孩子为什么会这样呢？经过了解发现：原来该班的保育员是他的姑姑，他犯错误时有人给他"撑腰"，所以他有恃无恐。这哪是在爱孩子？完全是在害孩子。

坚持公平公正性原则，在表扬奖励和批评惩罚实践中，教师应该努力做到以下两点。

（1）同等条件下幼儿有良好表现，每个幼儿（不管其性别、家庭背景、可爱与否）都应该受到表扬奖励，不应该有例外。

（2）同等条件下幼儿有不良表现，每个幼儿（不管其性别、家庭背景、可爱与否）都应该受到批评惩罚，不应该有例外。

如果幼儿园能为每个幼儿创造一个"善"有"善"报、"恶"有"恶"报的环境，那么，孩子就会不断地去"恶"趋"善"。

3. 及时性原则

心理学研究表明，表扬奖励或批评惩罚越及时，其效果越好。因此，当我们觉得幼儿的某种行为应该受到表扬奖励或批评惩罚时，应该及时进行，让其行为与表扬奖励或批评惩罚紧密地结合起来，不要等到幼儿早已忘记相关事件后才去对其进行表扬奖励或批评惩罚。

上午幼儿有良好表现，不要等到下午总结一天活动时才给予表扬奖励，更不要凡事都等到星期五下午才给予表扬奖励，因为到周五下午时极少有孩子还记得他这一周的表现。对幼儿进行批评惩罚也是如此。

案例 3-2 及时反馈效果好

罗西和亨利曾做过这样一个实验：

把一个班的儿童分为三组，每天学习后进行测验。对第一组每天告知学习结果，对第二组每周告知学习结果，对第三组不告知学习结果。八周以后，这三组儿童的学习成绩明显不同：第一组最好，第二组中等，第三组最差。

八周后，第一组、第三组对换，第二组照旧，如此再进行八周的实验，儿童的成绩也随之改变：第一组由最好变为最差，第三组由最差变为最好。

这一实验表明，儿童能否从教师处获得及时的反馈（表扬也是一种反馈），对其学习效果影响显著。

4. 因材施教原则

我们主张因材施奖，因材施罚。幼儿能力不同，经验不同，成长背景不同，年龄不同，兴趣、性格、需要、气质、自信度不同，其受到表扬奖励或批评惩罚的内容、形式、时机选择、表扬奖励或批评惩罚的比例也应该有所不同。

坚持因材施教原则，在表扬奖励和批评惩罚实践中，教师应该努力做到以下两点。

（1）对不同性格幼儿的表扬奖励和批评惩罚不同。根据幼儿性格内向度、自信度、敏感度、自尊度的不同，表扬奖励和批评惩罚的内容与形式应该是不一样的。比如，对胆小、敏感、内向的孩子表扬奖励要多些，且方式应含蓄一些，真诚的微笑、信赖的眼神、轻柔的抚摸都会带给他们意想不到的动力；对平时很骄傲、虚荣心强的幼儿则不宜表扬奖励过多，在恰如其分地给予表扬奖励的同时，还要有针对性地指出其不足和需要改进的地方，让他们的自信心回归到正常状态；对于自我效能感低的幼儿，教师要善于发现其闪光点，即使有细微的进步也要及时给予表扬奖励，以不断增强他们的自信心；而对于自我效能感高的幼儿，如果在完成比较容易的任务时就给予其表扬奖励，反而会让他们认为这是低估他们的能力，这时教师可以延迟表扬奖励，在他们完成具有挑战性的任务时再给予表扬奖励。同样，也应根据其不同性格、不同能力基础对幼儿进行不同的批评惩罚。

（2）对不同年龄幼儿的表扬奖励和批评惩罚不同。因为年龄不同，幼儿的需要、兴趣、成熟度也不一样。比如，对于小班幼儿可多用小红花之类的东西来奖励他们，因为小班幼儿对小红花很在乎，他们很渴望得到小红花；但对于大班幼儿则宜少用小红花来奖励他们，因为他们对小红花已经没有多大兴趣了。

5. 尊重性原则

在使用表扬奖励和批评惩罚的过程中，教师要注意尊重幼儿的人格隐私和成长背景。

案例3-3　伤心的小红花

那是大班的一次习惯养成教育活动。为表彰先进、激励后进，秦老师让各组推荐卫生习惯好的小朋友上讲台，为他们戴小红花。由于被推荐的小朋友比较多，秦老师的小红花不够用了。于是，秦老师说："大家看一看，讲台上的小朋友都是讲卫生的吗？"然后，秦老师亲自从中找出脸和手有点脏的萧劲，说："大家看看，萧劲的脸脏不脏？手脏不脏？大家说，能发给萧劲小红花吗？"最后，大家异口同声地回答说："不能！"秦老师让萧劲从讲台上下去了。除了几个小朋友冷笑几声外，整个教室里的空气变得凝重了。萧劲先是感到很尴尬，后来就默默地流泪。

虽然小红花不足的问题解决了，但秦老师让萧劲的自尊心受到了极大的伤害。

上述案例中，秦老师错在哪里呢？错在她不尊重萧劲，不尊重萧劲所在小组做出的决定。这是很恶劣的教育事故！

坚持尊重性原则，在表扬奖励和批评惩罚实践中，教师应该努力做到以下两点。

（1）不在人前批评惩罚幼儿。因为这会让幼儿的自尊心受损，让他们在他人面前丢尽颜面，对他们改正错误没有丝毫的帮助。

（2）不要因幼儿做错一件事而对其全盘否定。教师一定要清醒地认识到，幼儿做错了一件事，只能说明他做错了这件事。千万不要对幼儿偶然做错的一件事进行随意联想，进而对其全盘否定。

材料3-1　你有挖苦孩子的倾向吗？

挖苦是教师极不尊重幼儿的一种表现。很多教师对自己是否有挖苦孩子的倾向并不自知。通过下面的测试可知你是否有挖苦孩子的倾向。

①明明告诉过幼儿做某件事很危险，幼儿还是不听话地尝试，并且受伤了，你会说"活该"吗？

②幼儿在幼儿园里受到其他老师的责骂，你的第一反应是"一定是他自讨苦吃"吗？

③你会经常告诉幼儿"瞧瞧××，你要是学学他就好了"吗？

④你会因为幼儿学习新知识技能速度比较慢而怀疑他的智商有问题吗？

⑤当幼儿犯了错误后向你道歉时，你会说"瞧你做的好事"吗？

⑥幼儿出了一点小问题，你会夸大其词地指责他吗？

⑦幼儿异想天开的时候，你会打击他吗？

⑧你会因为孩子的外表（比如过胖或过瘦等）而给他起外号吗？

如果以上的8个问题中，你的回答有两个以上是"是"，那就说明你有挖苦幼儿的倾向。虽然教师的初衷是为了让幼儿学好，可是这种挖苦的语言会让幼儿的心理承受不了，甚至不想上幼儿园。

6.适度性原则

无论对幼儿进行表扬奖励还是批评惩罚，都要注意适度性原则，不宜过多过滥，同时，表扬奖励和批评惩罚还应该达到一定的强度，让幼儿有"感觉"。

坚持适度性原则，在表扬奖励和批评惩罚实践中，教师应该努力做到以下两点。

（1）表扬奖励和批评惩罚不宜过多。

过多过滥的表扬奖励要么让幼儿逐渐不再在乎老师的表扬奖励，要么让幼儿变得对表扬奖励"上瘾"——做任何事都期待得到老师的表扬奖励，没有老师的表扬奖励，就失去了参加活动的积极性。过多的批评惩罚会让幼儿觉得自己一无是处，对自己失去信心；过滥的批评惩罚会让幼儿对此逐渐形成"免疫力"，对老师的批评惩罚不在乎，因而批评惩罚对其发展也就失去应有的教育作用。

案例 3-4　嘿，嘿，嘿，你真棒！

我听过一节大班语言课。课上教师提问："听完故事，你最喜欢谁呢？"一幼儿回答："小刺猬！"教师问："为什么呢？"幼儿回答："小刺猬最善良！"教师表扬道："你真是太聪明了，大家夸夸他！"伴随着有节奏的掌声，教室里响起"嘿，嘿，嘿，你真棒！"的夸奖声。整节课下来，我粗略地统计了一下，教师运用的表扬不下于 10 次，但是表扬的话语只有两种：一种是"嘿，嘿，嘿，你真棒！"；另一种就是"行，行，行，你真行！"。整节课的气氛当然是被充分地调动起来了，孩子们也好像很配合教师的教学。但是我观察到，得到表扬的孩子脸上是一副自信满满的模样；而表扬别人的孩子，他们的眼睛里并没有赞赏别人、佩服他人智慧的眼神，有的只是"习以为常"。

（2）表扬奖励和批评惩罚要碰触幼儿内心的"甜点"和"痛点"。

表扬奖励，要碰触到幼儿内心的"甜点"，让幼儿感觉到"甜"的滋味；批评惩罚，要碰触幼儿内心的"痛点"，让幼儿感觉到"痛"的滋味。表扬奖励和批评惩罚才能激发幼儿弃"恶"从"善"的内在动力。教师平时要研究幼儿的"甜点"和"痛点"在哪里，适当地碰触他们内心的"甜点"和"痛点"，这样表扬奖励和批评惩罚才能真正地对幼儿的发展有意义。

案例 3-5 宠辱不惊

全班幼儿在老师的带领下伸出双手，竖起大拇指异口同声地对班上的一名幼儿说："××！你真棒！"但是随着次数的增多，在类似情境中，受到表扬的幼儿并没有露出我想象中的欣喜表情。他们表情木然，与原来没有多大的区别，一副"宠辱不惊"的神情，仿佛受到表扬是他们意料之中的事情。

面对表扬，幼儿无动于衷，说明表扬并没有触及幼儿心灵深处的"甜点"，这种形式主义的表扬对幼儿的发展是没有意义的。

7. 以表扬奖励为主，批评惩罚为辅的原则

心理学研究表明，表扬奖励的教育效果优于批评惩罚。表扬奖励有助于幼儿形成积极的自我概念，使幼儿对自己和未来充满信心；批评惩罚很容易让幼儿的自信心、自尊心、心理健康受损，过多的批评惩罚则会让幼儿自暴自弃。

坚持以表扬奖励为主，批评惩罚为辅的原则，在表扬奖励和批评惩罚实践中，教师应该努力做到以下两点。

（1）批评惩罚和表扬奖励都是促进幼儿健康成长必不可少的手段。

如果说，表扬奖励是幼儿健康成长的主要营养素，那么批评惩罚就是维生素。表扬奖励让幼儿知道自己的强项，知道什么是好的，它对树立幼儿的自信心和正确的价值观有独特的作用；批评惩罚能让幼儿知道哪些行为是不好的，同时，它对幼儿承受能力、抗挫折能力的培养有独特作用。如果教育只有表扬奖励而没有批评惩罚，幼儿将会变得狂妄自大，缺乏抗挫折能力；如果教育只有批评惩罚而没有表扬奖励，幼儿将会变得极度自卑，对自己失去信心。

（2）表扬奖励与批评惩罚的比例最好控制在 3∶1。

如果远远超过了这一比例，那么，你的表扬或许已不太真诚或者有点夸大其词的成分；如果低于这一比例，那么，你可能是个过于挑剔的教师，这将令幼儿的情绪长期不安,进而会破坏幼儿的自然成长,使其变得神经质、怯懦或者不诚实,甚至还可能学会用粗暴的态度对待他人。

(二)充分认识表扬奖励和批评惩罚的局限性

表扬奖励和批评惩罚不是万能的,它们在促进幼儿发展方面是有局限性的,因此,在使用表扬奖励和批评惩罚手段促进幼儿发展时,要充分考虑其局限性,进而更好地发挥它们的积极作用。

研究表明,表扬奖励和批评惩罚在促进幼儿成长方面的局限性主要体现在如下五个方面。

1. 表扬奖励或批评惩罚只能让幼儿形成外部动机

表扬奖励或批评惩罚只能让幼儿为了获得表扬奖励或逃避批评惩罚而去参与某种活动,并不能让幼儿发自内心地喜欢上这些活动。当没有表扬奖励或批评惩罚时,幼儿进行相应活动的动机也就消失了。

在激发幼儿的活动动机时,表扬奖励和批评惩罚是很多教师经常使用的手段。尽管这两种手段能够控制幼儿的很多行为,但是不加选择地滥用可能会严重削弱幼儿参加活动的内在动机。我们可以用五角星来激励幼儿好好地吃饭、睡觉、听课、学习探索,但幼儿参与这些活动的注意力将集中在赚取五角星上,而不是集中在相关活动的价值或有益之处上,当这些活动缺少了五角星这类刺激物时,幼儿的学习积极性就会骤降,甚至消失。

只有在各项教育活动中提供条件,满足幼儿的自主性、胜任感、归属感、自我表现欲望、自尊心和享乐等心理需求,教师在激发幼儿持久的学习动机方面才能拥有强大的影响力。

材料 3-2 三种不同水平的教育

一流教育:没有表扬奖励和批评惩罚这些外部力量的逼迫,幼儿仍然对相应的学习活动充满兴趣。

二流教育:通过表扬奖励和批评惩罚,幼儿在相应的学习活动中很亢奋、很用功。

三流教育：不管教师如何对幼儿进行表扬奖励和批评惩罚，幼儿对相应的学习活动都没有丝毫兴趣。

2. 表扬奖励或批评惩罚会让幼儿失去自主性

过多的表扬奖励或批评惩罚将会让幼儿失去自主性，他们的思想、行动和理想将会被外在的表扬奖励或批评惩罚左右。幼儿的自主性和独立性将无法形成。

思想家沃洛德考夫斯基曾说："我从来不说'调动儿童的积极性'，因为那将会剥夺他们自己的选择。"每个人自己的选择，自由自主地选择，才是最重要的，来自内在的动力才可能是永久性的，才可能将生命智慧发挥到最佳状态，其学习等活动才能够持久并且终身化，也只有这样的学习等活动才能够让幼儿真正体验到乐趣。一个习惯于活在他人眼中的人，会过于在乎别人对自己的表扬奖励和批评惩罚，总是为了别人的看法而学习、生活是很痛苦的，他们为了迎合别人的看法，不得不伪装自己、隐瞒自己的观点，甚至失去是非观念、失去自己的个性和自信；一个始终靠外在的刺激来调动积极性的人不可能成长为一流人才，也绝不可能取得一流成就，不可能在今后的职业生活与学习生活中获得属于自己的幸福与快乐。

3. 表扬奖励可能会让幼儿沉溺于其中

如果凡事都给予表扬奖励，或者对幼儿采取提前许诺事后给予表扬奖励，很容易让幼儿对表扬奖励产生依赖心理，凡事没有表扬奖励就没有动力去做，甚至在做任何事情之前都会与老师讨价还价，好像参加一切活动都是为了获得表扬奖励。

总体来讲，表扬奖励是一种外部激励，它给教师当前的工作带来了极大的方便，但容易让幼儿将关注点从活动本身转移到外部的表扬奖励上，这对培养幼儿持续的活动兴趣，甚至对幼儿的健康成长都是不利的。

4. 批评惩罚可能不利于幼儿的健康成长

研究表明，许多批评惩罚并不能阻止幼儿的不良行为，只能使幼儿在做违规违纪的事情时更加小心、更加巧妙、更有技巧而不被察觉。许多幼儿受到批评惩罚时会暗下决心，以后要小心，而不是要诚实和负责任。

批评惩罚能控制幼儿的不良行为，但它仅仅是压抑了幼儿的违规违纪行为，而不能消除幼儿的违规违纪行为，因为它不能教给幼儿正确行为，甚至不能减少幼儿违规违纪的念头。

批评惩罚可能会对幼儿的心理造成伤害。它有可能让受到批评惩罚的幼儿和目睹批评惩罚的幼儿产生害怕、紧张、焦虑以及退缩等情绪，其所带来的挫折感会使幼儿今后更偏离群体。对幼儿进行的批评惩罚有时候会变质为诋毁幼儿的智力、人格和尊严等，这会给幼儿的自信心、自尊心带来毁灭性打击；有时候，教师会夸大幼儿的错误，将幼儿一时的行为归结于人品，这实质上是在暗示幼儿朝那个不好的方向发展。

5. 批评惩罚可能会恶化师幼关系

研究表明，幼儿会将其受到的批评惩罚与教师相联系，而不是将批评惩罚与其自身行为相联系；批评惩罚还会破坏教师在幼儿心目中的美好形象。

案例 3-6 对老师有情绪

一天，前来观摩小班半日活动的大班王老师和季老师同时进了"理发店"。王老师请"理发师"恒恒洗头，只听恒恒毫不犹豫地回答："有一个螺丝掉了，我在修呢，现在不能洗头。"王老师说："那我就等会儿吧。"恒恒摆弄了一会儿说："螺丝装好了，还是不能洗，没热水呢！"瞧王老师不走，恒恒说："你去买东西吧。"王老师说："也好，那我就先去逛逛'超市'吧！"

可王老师刚转身，就见恒恒热情有礼貌地招呼季老师："老师请坐，我给你洗头！"季老师说："不是没热水吗？"恒恒笑眯眯地说："现在都好了，可以洗了。"显然，恒恒是不愿为王老师洗头。这是为什么呢？两位老师联想起早上的事，原来恒恒的妈妈是王老师班上的保育老师，今天早上王老师曾当着许多老师和小朋友的面说起昨天恒恒在大班做的坏事,当时说得恒恒难为情地低下了头,因为恒恒在自己班上样样都是很棒的。王老师刚才当众揭恒恒的短,现在便成了不受恒恒欢迎的"顾客"了。

上述案例说明不当的批评引发了幼儿对教师的不良情绪和看法。

另外,批评惩罚没有对规则的内化或自我约束起到作用。通常只有批评惩罚者在场时,批评惩罚才能抑制幼儿特定的行为;如果批评惩罚者不在场,幼儿将变本加厉地违规违纪。

二、表扬奖励和批评惩罚的程序与技巧

在对幼儿进行表扬奖励和批评惩罚时,教师应该按照如下程序及要求来进行。

(一)了解幼儿受到表扬奖励和批评惩罚的范围

在确定哪些孩子应该受到表扬奖励和批评惩罚之前,首先要了解幼儿的哪些言行和态度应该受到表扬奖励,哪些言行和态度应该受到批评惩罚。

1. 幼儿应得到表扬奖励的言行和态度

研究表明,当幼儿出现如下言行和态度时,应该受到表扬奖励。

(1)完成挑战性任务。

当幼儿完成了对其而言具有挑战性的任务时,教师应该给予其表扬奖励,这样,有利于培养他们的进取心和自信心。值得注意的是,这里的挑战性是针对每个幼儿个体而言的,而不是就其他幼儿和该年龄段幼儿的平均水平而言的。

(2)完成任务具有独特性。

当幼儿以独特而有效的方式完成任务时,教师应该给予其表扬奖励,这

样，有利于培养幼儿的创造性，同时也是对幼儿"个性"的肯定。

（3）有进步。

当幼儿出现进步时，即使其水平与别人相比还有不小的差距，教师也应该给予其表扬奖励。教育追求的目标是让每个幼儿在其原有基础上不断进步，不断超越自己，而不是超越别人。

（4）幼儿有良好的表现但没有良好的情绪。

当幼儿有良好的表现却没有良好的情绪时，教师应该给予其表扬与奖励，这样既可以让幼儿看到自己的良好表现，继续这样表现；又可以让幼儿有良好的情绪。

（5）不断地努力。

幼儿可能没有成功，但他努力了，不断地努力了，这种努力比成功更值得表扬奖励。

案例 3-7 哪种孩子最值得推崇？

A：表现优异，样样第一。

B：表现平凡，心态很好，安然自得。

C：样样倒数第一名，老师不喜欢他，小朋友看不起他，但他仍然努力地在改变自己。

笔者最推崇C。A是天才，C是英雄。

（6）不断尝试，不断探索。

幼儿可能没有成功，但他在不断地尝试和探索，这种努力探索的精神值得肯定和鼓励。

案例 3-8 你赞成哪种表扬？

美国的一些幼教专家专门就夸奖这个课题进行了研究。他们为幼儿园的孩子设计了一些非语言性的难题。当孩子们完成后，他们分别对孩子们说：

A:"你们答对了8道题，你们很聪明。"

B:"你们答对了8道题，你们确实付出了很大的努力。"

"A方式"和"B方式"会有什么不同的效果呢？

在此之后，立即给这些孩子两种新任务让他们选择：

一种是较容易完成并有把握做得非常好的任务；另一种是比较难完成并有可能会出点小差错，但能够从中学到一些重要的新技能的任务。

接下来专家发现：

"A孩子"中的大部分都会选择较容易完成的任务，因为他们只想再次得到"聪明"的夸奖，不想承担失败或出错的风险。

"B孩子"几乎都选择了比较难完成的任务，他们对挑战新事物很感兴趣。

这个研究告诉我们，如果你总是一味地夸奖孩子聪明，随着时间的推移，他会把一切好的结果与自己聪明画等号，做成了一件事情就会认为自己很聪明；如果遇到了挫折，他就可能以此判定"我不聪明"，还会因此失去学习的兴趣。所以，只有当你为孩子付出的努力而夸奖他时，他才会明白老师和父母最看重的是他付出的努力，从而愿意在老师和父母的鼓励下加倍努力，寻求更多的挑战。

（7）出现亲社会行为。

当幼儿表现出了我们所渴望的亲社会行为、态度和良好的习惯时，应该给予其表扬奖励，这样有利于培养幼儿相应的行为习惯。

（8）严重缺乏内在动机。

如果幼儿的活动包括学习活动是必要的，而幼儿从未得到过报偿，几乎没有一个幼儿愿意参加活动，那么教师可以考虑采取表扬奖励这一外部奖赏来激发幼儿参加活动的动机，促进其发展。

在采取外部表扬奖励的前提下，教师还应该努力让幼儿从活动本身获得乐趣，进而让其动机由外部动机转向内部动机，进而促使其行为更加自觉、更加具有可持续性，如让活动具有适度的挑战性、让活动的形式更适合幼儿的需要，等等。

（9）在以下两种条件下不宜使用表扬奖励。

①外貌、能力优异。

幼儿的外貌、能力等在很大程度上受制于先天因素，不应该因此受到表扬，因为这些方面的优异并不是其后天努力的结果。对这方面的优异进行表扬会导致幼儿产生盲目的优越感，对他们的健康成长没有一点益处。

案例 3-9　因赞美而被要求道歉

一位中国女学者到美国朋友家做客。朋友的女儿很漂亮，这位中国女学者便称赞女孩："你好漂亮呀！"结果美国朋友对此很不高兴，要求女学者向自己的女儿道歉："我女儿的漂亮是得自父母的，不是她自身的价值所在。你可以赞美她有礼貌，但不能赞美她的外表。你误导了我的孩子对自身价值的认识，请向她道歉。"

这位美国家长真的很有教育专业素养，其理念和想法值得中国父母借鉴。

②幼儿有内在动机的活动。

案例 3-10　聪明的美国老人

在一位美国老人住所的附近，每天午后都有一群小孩聚在一起打打闹闹，使这位老人无法休息。有一天，孩子们打闹得很厉害，他实在受不了了，正要发火，忽然灵机一动，他把孩子们叫到屋里，非常诚恳地对他们说："我特别喜欢你们玩耍时的欢闹声，但是最近我的耳朵越来越聋了，几乎听不到你们游戏时的声音了，这真是太遗憾了！我想请你们每天中午都到我家门前游戏，并且尽量大声地叫喊，声音越大越好。然后你们到我屋里来领赏，每人5毛钱。"

第二天，孩子们如约而至，并扯开嗓门，拼命地叫喊，老人果然给了他们每人5毛钱，还邀请他们明天再来。第三天，孩子们又照原样玩了一阵子，而后便进屋领赏，这次老人只给他们每人4毛钱，说这是因为手头太紧。第四天，每人只得到3毛钱，而且老人告诉孩子们，第五天的赏钱还会更少，每人只能得2毛钱。孩子们听后怨声四起，都说以后再也不来了，因为如此大声地打闹，只值2毛钱，太不划算了……

此后，那位老人便可以安稳地睡他的午觉了。

老人的高明之处在于：他将孩子们打闹的动机由内在动机转换成了外部动机，即孩子们原来打闹的动力来自打闹活动本身，他们在打闹过程中感到很快乐和满足；老人对他们的打闹进行奖赏后，孩子们打闹的动力便由活动本身转向活动后的奖赏——钱，随着奖赏的钱越来越少，他们对打闹也就没有动力了。

这个故事告诉我们：如果发现孩子对某种活动感兴趣——这种活动是我们所倡导的——便给他们以奖励，那么，过不了多久，孩子们对这种活动的兴趣就会大大地降低甚至消失。

因此，当孩子在活动中已经有内在的动力时，就不要奖励。比如，幼儿非常喜欢画画，他并不需要成人的表扬和物质奖励，而只要获得认可就足够了。如果幼儿画出很美的画，成人只要关注一下就行了。如果成人说"宝贝，你真棒！等一下我给你巧克力吃！"，这样的表扬奖励多了，反而会使幼儿画画的兴趣逐渐减弱，甚至出现厌烦心理。

2. 幼儿应受到批评惩罚的言行和态度

研究表明，当幼儿出现如下言行和态度时，应该受到批评惩罚。

（1）违反道德行为规范。

只有当幼儿违反道德行为规范时，才应该受到批评惩罚；而学习能力差、学习成绩差、成长速度慢都不应该受到批评惩罚。因为批评惩罚不仅不能提高幼儿的学习成绩，也不能加速他们的成长，反而会使幼儿对相关的学习心存恐惧，并最终对相关的学习失去信心，甚至形成习得性愚蠢。

（2）犯"二过"。

幼儿因缺乏某方面的知识和经验而首次犯错时，不要惩罚他，否则会使孩子终日处于不安之中——他总是担心犯错误和犯错误后被惩罚，进而变得胆小、懦弱、无主见，凡事都不敢去尝试，凡事都要征求成人的意见才敢行动。

批评惩罚的目的是让幼儿不重复地犯某个错误。

（3）在以下五种条件下不宜对幼儿使用批评惩罚手段。

①幼儿因内心不安而出现问题心理行为。

对幼儿因内心不安而出现的问题心理行为，如吮手指、吃衣角、咬嘴唇、咬指甲、拔头发、发脾气、强迫行为、恋物行为、性自慰行为等，不宜采用批评惩罚法矫正。

②幼儿因想引起别人的关注而故意犯错误。

批评惩罚代表着某种形式的关注，因此，如果幼儿个体犯错的目的是想引起关注，那么批评惩罚反而可能成为一种正强化物而不是惩罚物。在这方面，教育者经常会误用。比如，边小聪是大班的孩子，在新老师上课时乱说乱动、做怪相，老师罚他站，然而令人没有想到的是，他的不良行为不但没有因为惩罚而有所收敛，反而加剧了，而且他对老师的这种惩罚表现出毫不在乎的样子，甚至还有一丝的快意。边小聪为什么会这样呢？原来他长相平凡，能力较弱，又没有什么特长，在班里是一个可有可无、被人忽视的孩子，而老师罚站正好满足了他被人关注的心理需要。

③幼儿已有悔意。

当幼儿已经知道错误之处并且有悔意时，就不应该再对其进行批评惩罚，因为批评惩罚的目的就是让幼儿知错改错。

案例 3-11　饭撒了以后

严晓明把饭撒了，他怕老师批评，就用手把饭以最快的速度拨到地上，并用脚踩在上面，以此来掩盖自己把饭撒了的行为。这时，其他幼儿大声说："史老师，严晓明把饭撒了还踩在上面。"史老师走过去一看，果真如此。

史老师没有生气，而是用引导的语言说："谁把饭撒了？我这里有抹布，你可以用它把饭清理干净。"

如果用责备的语气命令幼儿把撒的饭清理干净,这对幼儿来说就是一种惩罚,会让幼儿感到羞耻。而上述案例中的史老师没有这么做,而是心平气和地给幼儿以正确引导,原因是犯错误的严晓明已经知道自己的错误并且心里充满恐惧和内疚。

④ 幼儿好心办了坏事。

惩罚幼儿要考虑其动机,不能光看结果。由于能力和经验的限制,幼儿常会"好心"办"坏事"。如,幼儿想"自己的事自己干",自己倒水喝,水倒多了溢了出来,这时教师就不应批评,否则将会挫伤幼儿做事的积极性。又如,幼儿想给正在弹琴的老师倒杯水,结果由于不小心把杯子弄坏了,这时教师也不应该批评幼儿,因为幼儿的"好心"是无价之宝,"好心"比孩子损坏的任何一件东西都重要。

⑤幼儿因好奇而犯了错误。

案例 3-12 我想看看小苗的下面是什么

一天孩子们正围着小苗看得高兴,忽然,黄知秋小朋友伸手拔了一棵小苗,大家都很生气。面对这种情况,教师没有简单地批评他,而是用心寻找其行为背后的动机。在教师的耐心询问下,他才吞吞吐吐地说:"我想看看小苗的下面是什么,想知道为什么它能站得住。"

好奇、好玩、好动是幼儿最明显的三个特征,他们时常会因此而弄坏东西、弄死动物和植物。对幼儿所犯的这类错误不应该批评,更不能惩罚。

案例 3-13 鉴定瓷碗的易碎性

我的女儿有一次好奇心发作,想"鉴定"一下瓷碗究竟会不会破碎,竟当着我的面拿了一只往地上摔。面对满地的碎片,她自知犯了"错误",以为将遭到训斥和惩罚。但我只是要求她自己清扫碎片,让她记住瓷器易碎的常识。后来女儿从易碎的瓷器联想到同样易碎的玻璃杯、镜子、瓶子、眼镜等,自觉地保护和使用这类物品,再也没有摔碎过任何东西。我想,那只碗被女儿故意摔碎还是非常值得的。(摘自一位妈妈的手记)

这位妈妈是很有教育素养的,她能对女儿的好奇动机做出正确的判断,同时采取十分正确的做法,促进了女儿的发展。

(二)发现幼儿的良好表现或不良表现

在明确表扬奖励和批评惩罚的使用范围后,还要善于在平时的教育活动中发现幼儿值得表扬奖励或需要批评惩罚的地方,及时地给予幼儿相应的表扬奖励或批评惩罚。教师要学会从不同的角度挖掘幼儿值得肯定的地方,如张三这方面不强,可能其他方面强;李四可能没有哪一方面是强的,但他在不断进步;王五近来可能没有什么进步,但他一直在努力……只要努力挖掘,就会找到给每个幼儿以适宜表扬奖励的理由和机会。

(三)对幼儿进行表扬奖励或批评惩罚

对幼儿进行表扬奖励或批评惩罚时,教师应该注意以下六个方面。

1. 手段的多样性

过于单调的表扬奖励会让幼儿感到厌腻。为了避免幼儿对表扬奖励感到厌烦,教师可以根据幼儿的年龄特点和实际需要从消费类(如糖果、饼干、饮料、水果等)、活动类(如看动画片、做游戏、骑车等)、操作类(如发玩具、发碗等)、拥有类(如坐一下老师的椅子等)、社会类(如微笑、口头鼓励、关注、抚摸、点头、温情地轻拍、拥抱等)、印章小红花类(如小红旗、红五星、小红花等)中选择幼儿喜欢的表扬奖励手段。

过于单调的批评惩罚很难让幼儿内心有所触动,因此对幼儿进行批评惩罚也应该采取多种方式,以求更加有效地发挥批评惩罚对幼儿成长的积极作用。对幼儿进行批评惩罚时教师可以选择口头语言否定，也可以选择具有谴责含义的眼神、不赞同的面部表情或动作（如摇摇头）等；可以施加一种让幼儿觉得讨厌甚至痛苦的刺激，也可以撤除幼儿原有的愉快的刺激。

2. 要让幼儿知道具体怎么做

表扬奖励和批评惩罚不是目的，而是手段。为了更好地促进幼儿的发展，在表扬奖励或批评惩罚的过程中，一定要让幼儿知道其被表扬奖励或批评惩罚的具体原因，以便幼儿知道今后行动的方向。

案例3-14　我也不知道在什么地方表现好

有一次，我问龚小琦："你知道你身上的小红花是什么意思吗？"他摇着小脑袋很自信地说："我表现好！"我又问："你在什么地方表现好啊？"龚小琦不好意思地说："我也不知道在什么地方表现好，反正老师说我是好孩子。"

如此抽象的表扬，并没有让幼儿明白今后努力的方向。

案例3-15　两位老师的表扬方式

谭红看见覃丽不小心摔倒在地上哭了，她马上跑过去将覃丽扶起来，并问她摔痛哪里了，然后轻轻地揉揉其痛处，并不断地用语言安慰她，最后，覃丽停止了哭泣，和谭红一起玩游戏去了。

谭红的良好表现被当班的两位老师看到了，她们分别做出了反应。

宁老师笑眯眯地走过去对谭红竖起大拇指说："你真棒！"

樊老师笑眯眯地伸出大拇指对谭红说："你是个很有爱心的好孩子。小朋友摔倒了，你会主动过去把她扶起来，还会安慰她。你真是个能干的好孩子！"

宁老师的做法只是肯定了谭红这个孩子，没有肯定她所做的事，所以只是让谭红"做好事"后高兴，而未能让她明白今后努力的方向；樊老师的做法不仅肯定了谭红这个人,而且肯定了她所做的事,不仅让谭红"做好事"后高兴,而且让其明白今后该怎么做。

案例3-16 你倾向于哪种表扬方式?

A:我看见××画得很漂亮,还涂上了鲜艳的颜色。
B:××,你画得真棒!

A:你帮我搬运器材,让我节省了很多时间,我真的很高兴。谢谢你!
B:你是我们班里最懂事的孩子。

A:你今天把被子的两头叠得一样大,比昨天好多啦!
B:你叠得真好,老师为你感到高兴。

A:张辛,你用了李燕的红色彩笔后,很快就还给她了。她肯定会喜欢你这样做的。
B:你真听话,老师喜欢你。

"A方式"更为具体,能让幼儿明白今后努力的方向,对幼儿后续的发展更有指导作用。

"B方式"过于笼统和抽象,没能让幼儿明了今后努力的方向,对幼儿后续发展的指导作用不足。

材料3-3 看见孩子的亮点

张英熙老师(2013)在《看见孩子的亮点》一书中介绍了五种表扬鼓励孩子的语法。

①肯定特质与能力的鼓励=指出特质或能力+描述实际的行为表现或具体事件

例句：

你真是个有爱心又热心的孩子，愿意跟妈妈到敬老院当志愿工作者，帮忙分配饭菜，并且讲精彩的故事给爷爷奶奶们听。

②指出贡献与感谢的鼓励＝孩子具体的行为＋该行为带来的影响

例句：

今天吃完晚饭，你主动帮大家把碗筷和盘子收到厨房，并且把餐桌擦干净了。这样爸爸就能很快完成饭厅与厨房的清洁工作了。谢谢你！

③看重努力与进步的鼓励＝描述孩子的作品或表现＋指认孩子的努力与进步

例句：

最近你很认真地练习拍球，已经可以一口气拍50下了，而且你控制球的技巧越来越好，球的高度与速度都很稳定。你的进步好大。

④表示信心的鼓励＝陈述支持信心的客观证据＋我相信

例句：

3岁的小孩要自己穿衣服扣扣子很不容易。最近每次出门你都会试着自己穿衣服扣扣子，我相信你很快就能学会。

⑤传达接纳与认可的鼓励＝描述孩子具体的行为、表现、情绪、态度与兴趣

例句：

你很兴奋地拿着你的绘画作品，又唱又跳地来找我！看起来你很想和我分享。你一定对这幅画很满意啰！

父母或教师要能够灵活运用这五种语法，当然需要练习。但是，我想在此提醒孩子身边的重要他人：

①要对孩子有一定程度的了解。师幼互动、亲子互动过程，如帮孩子洗澡、喂食、一起做家事、一起玩面团烤饼干、共进晚餐、共读绘本、玩桌游、打球、爬山郊游等活动，都是了解孩子的好机会，所以不要轻易放弃任何与孩子互动的机会。

②要学习观察孩子的行为与表现，发掘孩子的特长与能力，肯定孩子的贡献，看重努力，强调过程胜于结果，并且告诉孩子。孩子就是通过成人看到自己的优点、特质、进步与能力，进而逐渐建立自我概念、自信与勇气，知道自己存在的价值并感受到关爱。

③要学习怎样具体描述孩子的行为与表现。从前述的五种语法可发现，不论运用哪种语法，都需要具体描述行为，也就是说，表扬鼓励的话语得有根据，这样孩子才能知道自己的哪些行为受到肯定，自己的行为会带来什么影响，从而逐渐朝正确的方向发展。

④要练习增加自己的"形容词"，特别是正向的词汇，而不是只有"好""棒""厉害""乖""赞"，因为这些词不够具体，而且孩子听久了会觉得"你在敷衍我"。平时要多注意自己使用的"词库"，增加其多元性与丰富性。

3. 表扬奖励要公开，批评惩罚则要谨慎

为了更好地发挥表扬奖励的教育功能，应该追求让更多人特别是幼儿知道某个小朋友为什么受到表扬奖励，受到了什么表扬奖励。这不仅可以让受表扬奖励者的自豪感倍增，激励其不断进步，而且可以让其他幼儿对受表扬奖励的幼儿产生羡慕的心理，进而激励他们向受表扬奖励者看齐。

当幼儿犯了错误时，教师应该和相关的幼儿私下"了结"或者让幼儿自己"了结"，让幼儿在别人不知不觉中自己改正错误是最好的；过于张扬幼儿所犯的错误，既不利于幼儿改正错误，也不利于幼儿的心理健康。

在幼儿园教育活动中应该采用这种温暖孩子内心的做法："如果某个幼儿做得好，你就大声地告诉他的小伙伴和老师；如果某个幼儿做得不好，你就只小声地告诉他自己。"这种温暖的做法体现了对幼儿的尊重。

案例 3-17　我的耳朵洗干净了吧？

开学第一天，教师向小朋友们交代每天上学前应做的事，讲到"要把手、

脸、脖子、耳朵都洗干净"时，恰好看到坐在第一排的小娟耳朵后边没有洗干净，便随手一指，"不能像小娟这样，耳朵没洗干净就来幼儿园。"

小娟回到家里后，使劲用肥皂搓洗自己的耳朵，并几次三番地问妈妈："我的耳朵洗干净了吧？"尽管在以后的日子里，小娟都把耳朵洗得干干净净的才去幼儿园，但坐在教室里她总觉得全班小朋友都在看她的耳朵，她无心听课，总怕别人说她的耳朵脏。就这样，小娟在各种活动中特别是在人际交往活动中总是畏缩不前，还不时地用手捂着自己的耳朵。

教师的一句不尊重孩子的话让孩子患上了强迫症。我们必须当心对孩子所说的每一句话，特别是批评孩子的话。我们反对在幼儿犯错误后，教师"为了教育该幼儿，同时警示其他小朋友"而大张旗鼓地对该幼儿进行批评惩罚，因为这代表着对该幼儿的不尊重。

4. 慎重处理事与人的关系

在批评惩罚幼儿的过程中，应该就事论事，不能就事论人。不要因为幼儿的一件事没做好，就说他什么都做不好；更不要因为幼儿一时的错误，就全盘否定幼儿。因为对幼儿来说，一时一事就代表他的一时一事，而不能代表他这个人。经常因为一些小差错而被老师全盘否定，幼儿的自信心就会被彻底摧毁。

在表扬奖励幼儿时，既可以就事论事，也可以适当地"就事论人"，也就是在让幼儿了解他做了什么样的具体好事的前提下，适当联想来表扬他这个人："你在……条件下做了……你真是个……的孩子！"这种表扬会暗示幼儿往这个方向发展，产生心理学上的期待效应。

5. 批评惩罚孩子的细节技巧

为了更好地促进幼儿的健康发展，在批评惩罚幼儿时还应该注意以下的细节技巧。

（1）不要将幼儿的过错进行累加。

幼儿做错了一件事，有些教师喜欢借题发挥、算旧账，再三数落幼儿数周数月甚至数年来的过失和不足,多次重复批评幼儿的大小缺点或错误,这会严重打击甚至摧毁幼儿的自尊心和自信心。如:"上次你拿别人的东西吃,这次又抢别人的玩具,你到底是怎么了?""你又说话了,上次一个中午都在讲小话,你看你有什么好啊?!""上次你打小朋友,这次你又抢玩具,你看你有什么好!"……

当幼儿犯错误时,教师要只谈眼前,不翻旧账。幼儿做错的事已经批评过了就不应该再提,不要老是抓着幼儿以前犯过的错误不放,否则,那些"过失"就像滚雪球一样越滚越大,会让幼儿觉得自己一无是处,并且在老师或家长面前永无"翻身"之日,进而自暴自弃。

(2)批评惩罚要让幼儿感受到老师的爱。

批评惩罚对幼儿而言是一种负面刺激,但对于教师而言也是对幼儿成长的一种关爱。如何让幼儿体会到这种批评之爱,是每位教师面临的问题。如果幼儿没有体会到教师的批评之爱,批评就会成为幼儿健康发展的一种阻碍。比如,在某天的户外活动时,晓芸站队没有站好,李老师看见后批评了她。从那以后,晓芸就觉得李老师不喜欢她,因此在路上见面时晓芸也不和李老师说话,甚至看都不看李老师,也不像以前那样总是笑容灿烂,由此可以看出晓芸的心里很不是滋味,好像很生气。在李老师看来,如此的批评仅仅是一件很小的事,在晓芸的心里却成了一件大事,她认为李老师不喜欢她了,因此感到很痛苦。

案例 3-18 等候验证老师的爱

早上,建构区突然传来了哭喊声,詹老师赶紧走过去询问。原来焦健抢走了邢娜正在用的积木。詹老师拉开焦健对他说:"你总是这样抢别人的玩具,老师不喜欢你了!"

离园的时间到了,小朋友们都由爸爸或妈妈带着高高兴兴地走了,而焦健却在楼梯口扯着妈妈的衣服不愿离去……

在焦健再三催促下,他妈妈带着他过来跟詹老师说:"詹老师,焦健有话想跟您说。"詹老师笑眯眯地问焦健："焦健，你有什么话要跟老师说呀？"焦健十分认真地问詹老师："詹老师，你还喜欢我吗？"詹老师用十分肯定的语气回答说："喜欢呀，老师一直都很喜欢你呀。"说完詹老师还摸了摸焦健的头……

焦健一蹦一跳地跟着妈妈走了。

因为詹老师不经意说的一句"老师不喜欢你了"，焦健郁闷了一整天。如果焦健没有胆量与詹老师沟通验证，那么，好长一段时间他都有可能会在忧郁失意中度过。

因此，无论幼儿犯了多大的错误，教师都不要对幼儿说："老师不喜欢你了。"幼儿会相信老师真的不喜欢他了。

6. 以小红花等进行表扬奖励的细节技巧

小红花、贴贴纸、小红心和五角星是教师在幼儿园里经常用来表扬奖励幼儿的奖品。幼儿特别是小班的孩子都喜欢老师奖励给他们小红花，因为获得小红花就意味着他们在幼儿园里得到了老师和小伙伴们的认可与肯定，代表着老师对他们的关注。为了更好地发挥小红花对幼儿发展的促进作用，教师应该特别注意以下两点。

（1）小红花要有累积兑换功能。

小红花的累积兑换功能是指获得一定数量的小红花后，幼儿能根据自己的意愿选择教师规定的幼儿特别喜欢的奖品（如拥有性奖品或消费性奖品等）。研究表明，花掉小红花比不花掉小红花的教育效果好得多。如果小红花不能兑换成幼儿喜欢的物品或活动，那么随着时间的推移，幼儿就会逐渐对小红花失去兴趣，小红花也就会失去其原有的激励功能。

许多教师发现，小红花基本上没有教育效果了，其根本原因就是随着年龄和经验的积累，幼儿发现小红花是没有任何价值的——不能吃，不能用，也不美观。因此，强调小红花的兑换功能对其作用的持续性具有十分重要的意义。

在兑换功能上,家园应该达成某种共识:当孩子积累一定数量的小红花后,可以在幼儿园或家里兑换其喜欢的某些物品或活动。

材料3-4　某中班的小红花累积兑换内容表

	具体内容	代币小红花
幼儿工作	●高兴地来园 ●早上来园时向老师问好并和家长说再见 ●早餐愉快地吃完并收拾干净桌面 ●午餐…… ●午睡…… ●一天内与同伴积极互动 ●给自己种的花浇水 ●拿玩具来班上分享一次 ●向老师提一个问题 ○抢夺别人的东西 ○打人 ……	1 1 1 1 1 1 1 2 1 -1 -5 ……
幼儿工作报酬(赚的小红花数可以兑换的强化物)	●自由换一次座位,和好朋友坐在一起一天 ●播放自己喜欢的餐前音乐 ●站在队伍的最前面为小朋友们领操 ●第一个选游戏及角色 ●可以带一件喜欢的玩具回家玩一天 ●与老师玩击掌游戏一次 ●与老师玩碰碰头游戏一次 ●与老师玩撞屁股游戏一次 ●当老师的助手一次:饭前给小朋友发餐具 ●当老师的助手一次:在集体教学活动中给小朋友发学具 ●当老师的助手一次:和老师一起倒垃圾 ●在班上表演才艺一次 ●外出散步,排在第一位牵老师的手 ●当国旗手一次 ……	2 5 10 10 10 1 1 1 5 5 5 5 5 20 ……

值得关注的是,师幼互动的奖励("与老师玩击掌游戏一次""与老师玩

碰碰头游戏一次""与老师玩撞屁股游戏一次")是幼儿很向往的奖励。

（2）让每个幼儿都有理由获得小红花。

有代表整体表现优异的小红花奖，也有各方面表现优异的个性化奖，如卫生习惯奖、爱助人奖、爱提问奖、创意奖、礼貌奖、精神面貌奖、进步奖，等等，其实设这么多奖，就是为了找理由让每个幼儿都有获奖的机会，让每个幼儿都看到自己的优点、自己的进步，当然，也让他们看到别人的进步和优点。

许多教师周末时只向孩子们颁发"全能奖"，这样让许多孩子永远没有机会获奖，因为他们根本没有办法让自己变得"全能"，"全能奖"扼杀了孩子们个性化发展的可能，同时让许多孩子从小就对自己的发展感到绝望。

心理学实验早已证实，如果一个人经过再三努力，也不能得到期望的结果，就会出现"习得性无助"——他们再也不努力了，因为努力也是无效的。当孩子分析出自己获奖的可能性很小的时候，他最明智的做法就是什么也不做。长此以往，这类孩子就会产生自卑心理，对成长的信心由无助发展到绝望。

苏联教育家苏霍姆林斯基说过："教育人就是教育他对未来的希望。"而"全能奖"让许多孩子从老师的眼神里看到失望，最终孩子会对自己完全失去信心。教师应重新审视教育的目的到底是什么。

（四）反思表扬奖励或批评惩罚的过程与效果

在表扬奖励或批评惩罚幼儿的过程中，教师要观察幼儿的情绪表现，看看他们的情绪是否与表扬奖励或批评惩罚的性质相匹配。如果受到表扬奖励，幼儿不是高兴，而是无动于衷，如果受到批评惩罚，幼儿不是难过，而是高兴或无动于衷，那么教师就要反思：到底是什么让幼儿的情绪如此反常？另外，教师还要看看表扬奖励或批评惩罚的后效，在后续的各项活动中，认真观察幼儿是否发生了我们所期望的变化：表扬奖励促进幼儿良好行为的保持或增加，批评惩罚促使幼儿的不良行为减少或消失。如果教育后效与我们的教育预期相反,那么,教师就得探寻其中的原因,以不断改进和完善自己的工作。

三、综合实训

实训 3-1 奖章为何失效?

有一天,老师因米小雪的出色表现而奖给她一枚奖章,并将它挂在了米小雪的脖子上。乔俊一因犯错误而被孤立于教室中央在反省凳上自我反省。米小雪发现奖章总是妨碍她,于是把奖章扔到了一边,而正在自我反省的乔俊一马上问:"你不要了吗?"米小雪说:"如果你想要就送给你吧。"于是,乔俊一把奖章挂在自己的胸前玩了起来。乔俊一从奖章上得到满足感,却毫无羞愧之心;而米小雪从活动中享受到快乐和满足,无视奖章的价值。

上述案例给我们带来了哪些启示?

实训 3-2 夸孩子聪明,还是夸孩子努力?

美国斯坦福大学著名发展心理学家卡罗尔·德韦克在过去的10年里,和她的团队都在研究表扬对孩子的影响。他们对纽约20所学校的400名五年级学生做了长期的研究,这项研究结果令学术界震惊。

在实验中,他们让孩子们独立完成一系列智力拼图任务。

首先,研究人员每次只从教室里叫出一个孩子,进行第一轮智商测试。测试题目是非常简单的智力拼图,几乎所有孩子都能相当出色地完成任务。每个孩子完成测试后,研究人员会把分数告诉他,并说一句鼓励或表扬的话。

研究人员随机地把孩子们分成两组,一组孩子得到的是一句关于智商的夸奖,即表扬,比如,"你在拼图方面很有天分,你很聪明";另外一组孩子得到的是一句关于努力的夸奖,即鼓励,比如,"你刚才一定非常努力,所以表现得很出色"。

为什么只给一句夸奖的话呢？对此，德韦克解释说："我们想看看孩子对表扬或鼓励有多敏感。我当时有一种直觉：一句夸奖的话足以看到效果。"

随后，孩子们参加第二轮拼图测试，有两种不同难度的测试可选，他们可以自由选择参加哪一种测试。一种较难，但会在测试过程中学到新知识。另一种是和上一轮类似的简单测试。

结果发现，那些在第一轮中被夸奖努力的孩子有90%选择了难度较大的任务；而那些被表扬聪明的孩子则大部分选择了简单的任务。由此可见，自以为聪明的孩子，不喜欢面对挑战。

为什么会这样呢？德韦克在研究报告中写道："当我们夸孩子聪明时，等于是在告诉他们，为了保持聪明，不要冒可能犯错的风险。"这也就是实验中"聪明"孩子的所作所为：为了保持看起来聪明而躲避出丑的风险。

接下来又进行了第三轮测试。这一次，所有孩子参加同一种测试，没有选择。这次测试很难，是初一水平的考题。可想而知，孩子们都失败了。先前得到不同夸奖的孩子们对失败产生了差异巨大的反应。那些先前被夸奖努力的孩子认为失败是因为他们不够努力。

德韦克回忆说："这些孩子在测试中非常投入，并努力用各种方法来解决难题，好几个孩子都告诉我：'这是我最喜欢的测验。'"而那些被表扬聪明的孩子认为，失败是因为他们不够聪明。他们在测试中一直很紧张，抓耳挠腮，做不出题就感到沮丧。

在第三轮测试中，德韦克团队故意让孩子们遭受挫折。接下来，他们给孩子们做了第四轮测试，这次的题目和第一轮一样简单。那些被夸奖努力的孩子在这次测试中的分数比第一次提高了30%左右；而那些被夸奖聪明的孩子，这次的得分和第一次相比退步了大约20%。

德韦克一直怀疑，表扬对孩子不一定有好作用，但这个实验的结果还是大大出乎她的意料。她解释说："鼓励，即夸奖孩子努力用功，会给孩子一种可以自己掌控的感觉，孩子会认为，成功与否掌握在自己手中；反之，表扬，即夸奖孩子聪明，就等于告诉他们成功不在自己的掌握之中，这样，他们面对失败时往往束手无策。"

上述案例给我们带来了什么启示？

实训3-3　反向表扬

反向表扬1

在值午班时，我发现有个别孩子很难入睡，不是跟身边的小朋友窃窃私语，就是自言自语地说个不停；不是拍手，就是蹬腿。老师坐在他身边，他就朝老师做鬼脸；老师批评他们，他们却一脸的不在乎。实在是令人头痛。

有一次，看着几个久久不能入睡的孩子，我忽然想：何不用反向表扬法试一试呢？于是我就说："现在老师要检查哪几个小朋友睡得最香。"他们就像没听见一样，依旧我行我素，我接着说："噢，王静睡得真香，还有王皓、张杰睡得也很香。"我特意点了几个没睡觉的小朋友的名字，表扬了他们。

奇怪，我刚把话说完，他们几个就乖乖地闭上了眼睛，不一会儿，就真的睡着了。从此以后，我常用反向表扬法来引导小朋友，渐渐地，这几个顽皮的孩子改掉了午觉难入睡的毛病。后来，我还将"反向表扬法"应用到其他教育活动中，同样收到了良好的效果。

反向表扬2

在一次谈话活动中，我们谈到了剩饭的问题，宏轩站起来指着宏凯说："他不吃青菜，每次都剩饭。"这下全班的小朋友都开始喊道："对，宏凯每次都剩饭。""要不他总是长不高。"孩子们七嘴八舌地说得宏凯十分难堪。其实他妈妈早就向我反映过这个问题，为了不让宏凯受到伤害，我便对小朋友们说："宏凯总是剩饭吗？我没有注意到呢。要不咱们今天看看宏凯到底有没有剩饭。"小朋友们听了都说："行！"

我对宏凯说："今天中午让小朋友们看看你到底有没有剩饭，好吗？"宏凯一口答应。中午吃饭时,宏凯头一次把碗里的东西全吃了。随后,我特意让小朋友们看了宏凯的碗。宏凯高兴地笑了。

从此以后,宏凯吃饭比以前大有进步。有时我们假装看不到孩子的缺点,给他们以表扬,也会收到不错的效果。

反向表扬3

在工作中我们经常强调表扬的作用,对孩子要更多地表扬、更多地鼓励,以使他在原有基础上有所发展、有所进步,可是最近发生的一件事让我感觉反向表扬的效果也不错。

今天上音乐课时,唐玉瑞总是不能安静地听讲。这个孩子聪明、活泼、想象力也很丰富,可就是有个毛病——上课从不认真听讲。我多次批评教育他,也曾对他痛加斥责,可一点儿也没有用,他还是那样,我拿他简直没有办法。

这次上课,我发现他又坐不住了。我该如何应对呢?

我对小朋友们说:"我发现这次我们班的唐玉瑞坐得最好,听得最认真。你们看,是不是呀?"我发现在我说话的时候,唐玉瑞偷偷地坐好了,并且脸上带着微笑,这一节课他竟然安静地听了下来。

从此以后,唐玉瑞上课认真多了。

反向表扬是什么?它的运行机制是什么?我们在幼儿园教育实践中应如何运用反向表扬?

实训3-4 小星星引发的后果

在"我们来剥豆"的社会活动中,小朋友们都在认真地听老师介绍剥豆的方法。突然,老师停止正在进行的教学活动,说:"丽丽小朋友听得可认真啦,老师要奖给她一颗小星星。"说着,老师走到丽丽面前,将一颗亮亮的星星贴到了她的额头上。顿时,教室里躁动起来,所有小朋友的注意力全都转移到丽丽额头的星星上了，还时不时地有调皮的孩子走下座位去摸一下星星。丽丽也开始不认真听课了，老是玩着小星星，老师无法继续上课了。

问题出在哪里？如果是你会如何做？

实训3-5　今天下午你就不用起来了

"你怎么这么不听话？！提醒你几次了，你还是没有睡好，那今天下午你就不用起来了！"老师十分愤怒地对诺诺说。而诺诺却不以为然，不服气地噘着嘴巴，慢慢地睡着了。已到午睡起床时间了，孩子们陆续地起床，而诺诺仍在床上睡着……快上课了，最后出午睡室的可可先发现了诺诺："老师，老师，诺诺还没起床呢！"于是老师走进午睡室，只见诺诺睁着一双大眼睛，静静地在床上躺着。老师说："诺诺快起床，要上课了。"诺诺对此不加理睬，还是默默地躺着。老师不耐烦地说："你怎么还不起床呀？"诺诺说："不是你叫我下午不用起床的吗？一会儿叫我睡觉，一会儿又叫我起床，到底叫我怎么样啊？"……

上例中的老师错在哪里？应该如何改进？
关键提示：批评不宜用反话。

实训3-6　谁知盘中餐，粒粒皆辛苦

吃午饭的时候，毛毛不小心把饭碗扣在了地上，她难过地哭了。A老师走过来说："毛毛，你犯了错误哭有什么用呢？你知道农民伯伯种粮食多么不容易啊！"随即，老师让全体小朋友大声背诵："锄禾日当午，汗滴禾下土。谁知盘中餐，粒粒皆辛苦。"毛毛难过得午觉都没睡。妈妈来接她时，她一见到妈妈就哭着说："妈妈，我不是有意的……"

上例中的老师错在哪里？应该如何改进？

关键提示：毛毛已经知道自己的错误并且难过地哭了，这时老师就不应该批评了。即使老师不批评毛毛，她在以后的生活中也会格外小心，不让类似的事情再次发生。

实训3-7　我又没有做错什么，凭什么要做事

尹老师带大班，近来上课和睡觉时，班上的孩子喜欢说话的越来越多，因此，她规定若班里的小朋友在上课或睡觉时间乱讲话，就罚其打扫卫生。有的小朋友上课从不讲话，因此，从没有打扫过卫生，东东就是这样的。为了不打扫卫生，东东努力地克制自己不讲话。回到家里，妈妈让东东帮忙干些家务活，东东特别不乐意，不停地抱怨：我又没有做错什么，凭什么要做事！

上例中的老师错在哪里？应该如何改进？

关键提示：以工作任务来惩罚孩子会导致孩子讨厌相应的工作任务。

实训3-8　我的小红花已经够多了

小（3）班设置了一个"比一比，看谁的红花多"的专栏：谁表现得好，就可以得到小红花的奖励；谁表现不好，就要从他的小红花中撕掉一朵。刚开始，小朋友们的积极性很高，特别是安安，他口齿伶俐，动手能力强，得到了好几朵红花。可他偶尔也有表现不好而没得到小红花的时候。一天安安因为不守纪律而被撕掉一朵小红花。在自由活动时间，老师听到他以不以为然的口气跟小朋友说："我妈妈、我爸爸，我邻居家的小哥哥、小姐姐，他们都会剪小红花。他们剪的小红花比这些贴在墙上的漂亮多了。我的小红花已经够多了，而且贴在墙上又没什么用，我才不想要呢！"

上例中的老师错在哪里？应该如何改进？

关键提示：家园没有形成教育合力；用来做奖品的东西应该具有不可复制

性;安安对小红花的不屑是有道理的,因为它没有兑换功能。

实训 3-9 失落的佳佳

离园前,教师拿出小红花,要奖励给当天表现很棒的小朋友。青青因为妈妈从家里带来了教师需要的盒子而得到了一朵小红花;姚宁因为妈妈从家里带来了本周主题活动需要的小洋伞而得到了一朵小红花;桐桐因为爸爸带来了教师自制玩具用的易拉罐也得到了一朵小红花……

佳佳因为爸爸妈妈没有按老师的要求为幼儿园提供教育活动所需要的材料而没有得到老师发的小红花,她失落地站在一边,默默地看着别人上台领小红花。

老师如此发小红花,你觉得有问题吗?问题出在哪里?

关键提示:家长为幼儿园提供材料不应成为孩子得到小红花的理由。

实训 3-10 七色花

每当星期五下午准备离园前,龚老师都会根据小朋友们的表现颁发"七色花"(将传统的小红花分别做成青、红、黄、蓝、绿、紫、橙等不同颜色的小花),不同颜色的花代表孩子在不同方面表现得不错,比如:"青色小花"代表孩子在提问、探索新知方面表现不错;"绿色小花"代表孩子在与同伴互动中表现不错;"红色小花"代表孩子在文明礼貌、纪律方面表现不错……每当孩子得到一朵花,他就会自豪地说:"我今天得了×色小花,我在××方面又进步了(或者,我在××方面这一周表现不错)。"

你觉得龚老师这样做比只发一种小红花好在哪里?为什么?

关键提示:"七色花"告诉幼儿自己好在哪里,让他们明白今后的方向,同时也让老师看到了每个孩子的强项。

实训 3-11　你倾向哪种方式的表扬？

游戏活动结束后，老师让幼儿把积木收拾好。有些积木掉在地上，曲倡勇和管文斌同时看见了。曲倡勇视而不见，而管文斌主动把那些积木收拾整理好。

如果你是在场的老师，你将如何表扬管文斌？

A 老师：你真乖！

B 老师：你帮助大家收拾玩具，看到掉在地上的积木能主动地收拾好，你做得很好，老师真为你感到高兴。

两位老师的表扬对管文斌有何不同影响？

实训 3-12　口是心非的成人

在某幼儿园才艺对抗赛的决赛中，有这样的一幕：一个 6 岁左右古怪精灵的小姑娘在舞台上尽情地表现着自己的才艺，但或许赛场中的优秀选手太多，这个自信的小姑娘最后被淘汰了，孩子的眼中溢满了泪水。有着丰富经验的主持老师抱起小姑娘说："小朋友，不要哭，我觉得今天你是最棒的。"一个评委老师也随声附和："小朋友，今天你是最出色的。"小姑娘听后，眼泪汪汪地看着主持老师委屈地问："我是最棒的，为什么还要淘汰我？"她的这一问让主持老师和在场的评委老师们一时不知该如何回答。

你觉得老师们错在哪里？在现实中应该如何避免类似的情况发生？

实训 3-13　老师为什么只批评我

6 岁的施聪对妈妈说："妈妈，张老师偏心。今天幼儿园午睡的时候，东东把我的鞋子踢到了墙角，我叫他捡回来，他不肯捡，我就把他的衣服扔到了床底下。张老师知道后光批评我，还把我叫到办公室，要我承认错误。他为什么不批评东东呢?"

你觉得施聪的老师在处理他和东东的冲突上有什么不妥之处?如果是你,你将如何做?

实训 3-14　辛安安进步了

辛安安是个非常顽皮的小男孩,常常制造纠纷。这边,他推倒了同伴用积木搭的大房子;那边,他扔了一地的泥塑动物;尤其是玩角色游戏时,不断有小朋友到老师这里来告他的状。每每遇到辛安安捣蛋的时候,李老师总是及时地对他进行批评教育,可效果并不明显。找家长了解情况,请父母配合做工作,对他的闪光点及时进行表扬鼓励……许多方法都用过,而辛安安的变化仍旧不大。

有一次班上玩医院游戏,辛安安要当"医生",小朋友们议论开了:"辛安安不能当医生,医生要关心人,他不会,还欺负人。""他坐不住,要是病人来看病,医生不在就会死的。"大家七嘴八舌,讲得从来不认错的辛安安脸红红的,不由自主地低下了头。

李老师看到机会来了,就说:"如果辛安安改正了缺点,能不能当医生?"大家异口同声地说:"能!"

从这天开始,李老师和小朋友们每天进行游戏评价时都有一个专门的话题:辛安安有什么进步。这一招还真有用,两天里,辛安安的那些缺点都改了,他有了约束自己的动力。两天后,辛安安终于当上了"医生",他认真细致地为"病人"看病,得到了同伴们的一致夸奖。

再后来,就连家长和其他老师也都说辛安安进步了。

上例中,辛安安转变的过程能说明哪些教育观点?

实训 3-15　奇奇的改变

• 别的小朋友刚刚上幼儿园的时候都会哭闹，但奇奇不会。他爸爸说："只要你乖乖地去幼儿园，爸爸就给你买小汽车。"

• 有的小孩因为睡觉前不刷牙让父母费尽口舌，奇奇却很主动。他爸爸说："如果你刷牙，明天就让你看动画片。"

• 奇奇还会像大人一样帮父母倒垃圾。因为他爸爸说了："如果你帮妈妈做家事，爸爸周末带你去游乐园。"

奇奇上小学了，之前的奖励机制却失灵了。

奇奇说："你不给我买变形金刚，我就不去上学了。"

奇奇说："你不让我吃巧克力，我就不写作业。"

奇奇说："你不带我去看电影，我这个周末就不去上钢琴课。"

奇奇时常为了一些小事与父母讨价还价，直到达到目的。原来是爸爸和他谈做事的条件："只要你……我们就……"后来是做事前他跟爸爸谈做事的条件："我这样做，有什么好处？""没有好处，我就不做。"

奇奇的改变给幼儿园教育带来了什么启示？

实训 3-16　教师表扬的误导

小班的熊熊在离园时对妈妈说："今天我想把幼儿园里的玩具带回家。"熊熊妈妈摇头说："幼儿园里的玩具是不能带回家的，不然老师该批评你了。"

熊熊争辩道："那小宇把玩具带回家，老师怎么还表扬了他呢？"

熊熊妈妈吃了一惊，赶忙找教师问明缘由。原来，小宇把自己喜欢的玩具带回了家，在家玩的时候被妈妈发现了。在妈妈的劝导下，小宇第二天把玩具还了回来。于是，教师当着孩子的面表扬了小宇，说："小宇真乖，能主动把带回家的玩具还回来，应该受到表扬。"

教师一句不经意的表扬让熊熊对小宇羡慕不已，以至于他也想效仿小宇把玩具带回家,然后再还回来,以获得教师的表扬。

上例中老师的表扬为什么会误导熊熊?如果你是该老师,你会如何做?

实训 3-17　好玩的小红花

张老师在上计算课,张老师的表情、语句、内容都非常吸引小朋友们,他们听得聚精会神。这时让人担心的事发生了,张老师停下来,开始表扬威威(化名)表现好并给他戴上小红花,老师还没忘记告诉小朋友们:"谁像威威,老师也奖他小礼物。"小朋友们为了得到奖励,由自然听讲变成了有目的地听讲,在听讲的同时悄悄地去看威威。威威则拿着小红花在下面欣赏,偶尔也看一下老师,但更多的时候眼睛看着老师,手里在玩小红花。更不好的是,与威威同桌的两个小朋友非常羡慕地看着威威。张老师点名批评了威威,说他不听讲,并把威威的小红花收回去了。

上例中张老师用小红花来奖励威威有何不妥之处?应如何改进?

【参考文献】

[1] 布朗森,梅里曼.教养大震撼[M].夏婧,译.沈阳:万卷出版公司,2011:4-6.

[2] Raffini.这样教学生才肯学:增强学习动机的150种策略[M].梁平,宋其辉,译.上海:华东师范大学出版社,2010:1.

[3] 科特曼.幼儿教师88个成功的细节[M].李旭晴,译.上海:华东师范大学出版社,2010:34.

[4] 于黎烜,胡晓梅.这样教孩子对了吗?[M].沈阳:万卷出版公司,2010:62-63,77.

[5] 冈萨雷斯-米纳.多元化社会中的早期教育[M].徐韵,周红,等译.南京:江苏教育出版社,2008:123-124.

［6］韦德，塔佛瑞斯.心理学的邀请［M］.白学军，等译.北京：北京大学出版社，2006：388.

［7］王辉.行为改变技术［M］.南京：南京大学出版社，2006：20.

［8］程灵.幼儿心理教育实例［M］.福州：福建人民出版社，2002：45.

［9］肖锋.学会教学——课堂教学技能的理论与实践［M］.杭州：浙江大学出版社，2002：142-182.

［10］蔡轶平.大班幼儿小贴花兑换制度引发的思考［J］.早期教育（教师版），2015（4）：12-13.

［11］张霞.幼儿教育要警惕"表扬后遗症"［J］.教育导刊（下半月），2013（11）：87-88.

［12］史爱华.师幼察觉的区域与教师察觉能力的提高［J］.学前教育研究，2010（1）：30-33.

［13］高德胜.奖励的本质与滥用的后果［J］.教育科学研究，2009（6）：18-22.

［14］赵旭艳.奖励在幼儿教育中的运用艺术［J］.教育导刊（幼儿教育），2008（9）.

［15］叶翔.幼儿社会教育中肯定性评价的实施要领［J］.教育导刊（幼儿教育），2007（5）：17-19.

［16］姚素慧.表扬对幼儿心理发展作用的辩证探究［J］.幼儿教育（教育科学版），2006（6）：42-46.

［17］陶金玲.如何帮助幼儿形成"高自我价值感"［J］.教育导刊（幼儿教育），2005（6）：23-25.

［18］任国防，张庆林.表扬与内在动机关系的三种观点［J］.心理科学，2004，27（4）：1002-1004.

［19］张国平.有效表扬的几个"度"［J］.宁夏教育，2004（2）.

［20］任国防，张庆林.表扬与内在动机关系的新观点［J］.西南师范大学学报（人文社会科学版），2003，29（6）：31-35.

［21］何慧敏：我棒在哪里：谈"鼓励"［OL］.http://bbs.chnkid.com/forum.php?mod=viewthread&tid=906489.

第四章　应对幼儿同伴冲突的技巧

幼儿同伴冲突是指两名以上的幼儿因意见、行为、需要以及利益的不同而引发争执对立的状态，是"当小孩 A 做某事或者说某事影响到 B，B 抵抗，而且 A 坚持"的状态，是一种反对对反对的过程。它表现为冲突双方在行为、言语或情绪等方面的对立。

冲突是幼儿生活的一部分。幼儿在谈话中有冲突，在生活中有冲突，在游戏中有冲突，在集体教学活动中还会有冲突。在幼儿的同伴交往中冲突是无法避免的，对幼儿来说，同伴冲突既是一种机遇，也是一种挑战。一方面，冲突为幼儿学习与人交往提供了机会，建设性地解决同伴冲突具有长远的发展意义，不仅有助于幼儿与同伴的交往更为深入而有意义，而且有助于幼儿在不断解决冲突的实践中掌握与人相处的恰当方法和提高社会适应能力；另一方面，如果冲突处理不当，则可能对幼儿产生多种负面结果，如影响幼儿的自尊或自信、形成社交孤立、影响在同伴间的地位甚至导致心理失调，给幼儿人际关系的和谐及身心健康带来多种不良影响。因此，幼儿教师应该利用各种方法正确应对幼儿同伴冲突，以促进幼儿更好地健康发展。

一、应对幼儿同伴冲突的条件

（一）冲突不是攻击

冲突与攻击是有很大差别的。攻击行为是有意伤害他人的行为，常常是单向发生的；虽然在冲突过程中常伴有攻击性语言和行为，但冲突是双方在互动过程中由于外在利益或内在观念、意见的不一致而发生的，双方在冲突过程中的目标都是想继续自己先前的行为或实现对对方的影响，并不一定伴随着伤害他人的意图。

很多教师把冲突与攻击混淆了，认为冲突就是攻击。在现实中，持这种认识的教师往往采取直接介入的方式迅速地平息幼儿的同伴冲突。

（二）同伴冲突是课程资源

幼儿教师要把幼儿同伴冲突事件作为课程资源来看待和利用。当幼儿之间出现冲突时，教师首先想到的应该是这一冲突事件有何教育价值，应该如何利用这一事件促进幼儿的哪些方面发展，而不是简单地平息当前的冲突事件。

教师要以专业的眼光来看待幼儿的同伴冲突，要意识到它对幼儿发展的价值，并充分挖掘同伴冲突的教育价值。如果冲突事件有典型的代表性，那么，可以通过生成相关的教育活动来促进全班幼儿的发展，比如，可以通过相关的情景剧演示幼儿如何处理冲突，并让大家讨论如何处理这样的冲突。

案例 4-1　冲突情景表演

情景表演：

小男孩 A 很喜欢同伴 B 的玩具飞机，于是说："给我玩玩！"他的同伴 B 说："不！"A 想了想之后猛地抢过来，B 大哭起来……

教师组织幼儿讨论：

（1）你给 A 哪些忠告？

（2）你给 B 哪些忠告？

经过讨论，幼儿得到了如下的一些建设性的做法。

① 给 A 的忠告有：

"我很想玩……你能让我玩一下吗？"

"我很想玩……等一下你玩好了，请告诉我，我现在先去玩……"

"我们可以一起……吗？"

去拿他最喜欢玩的……来和他交换。

② 给 B 的忠告有：

"我玩一下，再让你玩。"

"你先去玩……我玩一下后，再叫你过来玩。"

"我们一起玩……"

"我们轮流玩……"

通过上述情景剧表演与讨论，幼儿学会了有效应对"被抢"和"想玩别人的玩具"的冲突情况，减小了今后类似事件中发生冲突的可能性。

教师每次面对幼儿的同伴冲突时，都应该意识到它是一种教育资源和教育机会，教师要不断地、科学地挖掘和利用它来促使幼儿更好地发展。

从教育资源的角度来看，教师不仅要挖掘和利用现有的幼儿同伴冲突来促进幼儿的发展，有可能的话，还要创造一定的条件让幼儿发生冲突，然后促进幼儿的发展。

（三）幼儿才是解决冲突的主角

以往解决同伴冲突的主角多是教师，教师扮演着"裁判"的角色，很少让幼儿用自己的方式参与解决冲突。事实上，幼儿具有解决自我与他人之间冲突的能力，不同幼儿采用的冲突解决策略可能不同，而这些不同的冲突解决策略会直接影响到冲突的结果——是完满解决还是激化矛盾。教师需要有意识地引导幼儿独立解决同伴冲突，让幼儿在不断的学习和建构中提升解决同伴冲突的能力，进而达到"'介入'是为了'不介入'，'指导'是为了'不指导'"的目的。

（四）不要因为冲突而禁止幼儿交往

幼儿在与同伴交往过程中发生冲突是很正常的，教师绝不应该因为幼儿与同伴发生冲突而禁止幼儿之间的交往。因为禁止不能解决幼儿因交往能力欠缺而发生的冲突，也不利于幼儿的交往能力和社会性的发展，同时还会导致幼儿对教师的怨恨。

（五）正确认识应对幼儿同伴冲突的目的

应对幼儿同伴冲突的目的不是平息同伴冲突，不是减少甚至消灭同伴冲突，也不是对谁对谁错的简单判断，而是利用同伴冲突来促进幼儿获得最优的发展，特别是促进幼儿获得社会性方面的发展。

（六）应对幼儿同伴冲突的原则

幼儿教师在应对幼儿同伴冲突的过程中应该遵循以下两个原则。

1. 安全性原则

在应对幼儿同伴冲突时要注意对幼儿的保护，要确保他们的身心安全，既努力避免冲突过程中的一方给另一方造成身心伤害，又要避免使用可能危及幼儿身心安全的方法来应对冲突中的幼儿。不仅要动员幼儿园的教育力量，还要动员家庭的教育力量，引导幼儿以"不威胁、不伤害他人，也尽可能不被人伤害、不被人威胁"的方式来解决同伴之间的冲突。

2. 发展性原则

教师应该充分利用幼儿同伴冲突事件来促进冲突双方以及其他幼儿的发展。为此，教师介入幼儿同伴冲突的方式、时机、内容都应该充分考虑教育价值的最大化，最大限度地促进幼儿的发展。面对幼儿的同伴冲突，平息冲突事件不是最重要的，最重要的是让冲突双方及其他幼儿从本次冲突事件中获得经验和成长，学会正确地处理同类的冲突事件，并从中获得成长的快乐体验，获得同伴之间的友谊。

案例 4-2 你是哪位老师？

有一天，吕珂为跑到老师面前抗议说："杜平不让我骑羊角球。"

如果你是老师，该如何处理？

请看老师们的不同回应策略，你更认同哪位老师的回应策略呢？

吕老师的策略：转移注意力。"你看那边的东西多好玩，走，咱们上那边玩去。"不提羊角球这件事情了。

　　魏老师的策略：大声呵斥。

　　田老师的策略：将羊角球推开或者锁起来。

　　沈老师的策略：威胁。"你如果不给吕珂为骑，星期五上动物园你就别去了。"

　　江老师的策略：许诺给予某种好处。"如果你让吕珂为骑了，一会儿我让你给班里的小朋友发点心。"

　　钟老师的策略：将杜平隔离到旁边思过。

　　卢老师的策略：给孩子讲大道理。"你这样可不好呀！不谦让的孩子不是好孩子。"

　　戴老师的策略：采取受害者至上的做法，谁先到老师那里告状，老师就认为这个孩子是受害者，然后对这个受害者进行保护和关爱。

　　崔老师的策略：强调老师的感受。"杜平，我心里很难过，你这样做太让我失望了。"

　　其实上述九位老师的应对方法都不符合应对同伴冲突的发展性原则。因为运用这些方法可能很快地平息了冲突，但并没有让幼儿从中获得发展。

二、应对幼儿同伴冲突的过程与技巧

　　教师应对幼儿同伴冲突的过程包括："发现幼儿冲突→教育价值判断与选择→选择介入时机→确定介入方式→介入幼儿冲突→反思介入→……"（如下页图所示）。

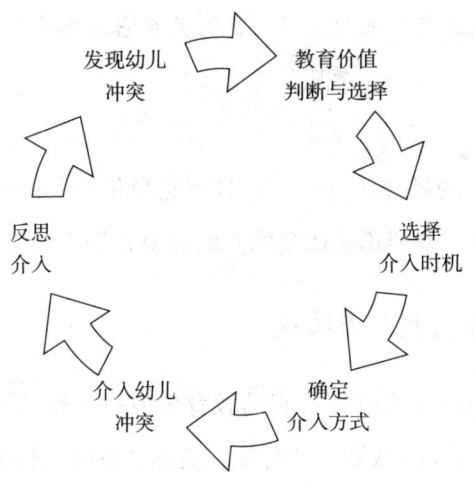

（一）发现幼儿冲突

应对幼儿同伴冲突是从教师发现幼儿同伴冲突及其表现开始的，在这一阶段，教师要明确：冲突的对象是谁，发生冲突的原因是什么，在冲突过程中他们做了什么努力。

当教师发现幼儿同伴冲突时，要走近发生冲突的地方，表示你已经察觉到这件事；必要时要走得更近并进行干预，制止伤害性攻击行为。

案例 4-3 我也要玩变形金刚

傅老师发现黎晖把熊明正在玩的变形金刚抢走了。傅老师马上走过去，耐心地问黎晖："黎晖，你把熊明的变形金刚抢过来自己玩，这种做法对吗？"黎晖回答："我也要玩变形金刚。"傅老师见此情景，就耐心地和黎晖讨论："如果有一个小朋友来抢你正在玩的变形金刚，你高兴吗？""你现在抢了熊明的变形金刚，熊明却没有玩的了。你做得对吗？""你喜欢玩变形金刚，这没有错。但应该让熊明玩一会儿后，再向他借来玩。"傅老师引导黎晖自己认识到抢别人的玩具是不对的，黎晖最后把变形金刚送回到熊明面前，并说："熊明，你玩够了之后，让我玩一下，好吗？"熊明答应了。傅老师微笑着说："黎晖你能认识到抢别人正在玩的玩具不对,并且将它还回去了;你还懂得了想玩别人的玩具时,要征求别人的意见。你真棒!"

教师要有高度的教育敏感性,对具有教育价值的同伴冲突事件要有敏锐感知和辨别的能力,要能迅速体察幼儿的需要并提供及时到位的帮助和引导。

(二)教育价值判断与选择

教师要确定该冲突事件所具有的教育价值——教师可以利用这次冲突事件来促进幼儿哪些方面(认知、社会性、情感、态度、行为、体质等)的发展,并决定后续介入活动时主要突出哪些教育价值,以便更好地促进幼儿的发展。

幼儿同伴冲突对幼儿发展的价值主要表现在以下四个方面。

1. 促进幼儿"去自我中心化"

幼儿处于皮亚杰所说的自我中心阶段,这一阶段的幼儿只能从自己的角度看问题,而不能从别人的角度看问题。在解决冲突的过程中,幼儿为了达到自己的目的,不得不去倾听、了解他人的观点、需要和感受,调整自己的行为,从而促进了社会观点采择能力的发展,进而加快了幼儿的"去自我中心化"。

2. 促进幼儿对社会交往技能的理解和掌握

幼儿之间发生同伴冲突多缘于他们社会交往技能的缺乏。冲突为幼儿提供了运用各种技巧化解矛盾的真实环境和实践机会,幼儿在运用抢、夺、哭、打、沟通、协商、求助等方法的过程中,逐步积累社会交往经验,并学会协商、相互妥协、让步、轮流分享、合作、互惠、互谅等,这既加深了他们对这些交往技能的认识,又提高了他们解决社会问题、协调人际关系的能力。

3. 促进幼儿语言表达能力和思维能力的发展

幼儿的同伴冲突有时表现为肢体动作上的对抗,有时表现为口头语言的争执。在幼儿园的教育氛围下,运用肢体动作解决冲突是得不到鼓励的,而运用口头语言解决冲突则是得到默许甚至是得到鼓励的。因此,面临同伴冲突时，幼儿要学会运用协商对话的方式尽可能地说服对方，满足自己的需求，在不断争吵、申诉、提出自己的观点、说服对方这一系列的语言活动的过程中，幼儿的逻辑思维能力和语言表达能力得到了发展。

案例 4-4　我让他谦让给我玩

楼武与柳小斌在玩玩具的时候发生了冲突，他们去找老师解决。张老师说："你们都是大班的小朋友了，该学会解决问题了。今天老师不管你们，你们自己去解决吧，解决完之后来告诉我。"不一会儿，楼武跑来告诉张老师："老师，我们解决了。我让柳小斌谦让给我玩。"张老师无言以对。

相信，楼武在说服柳小斌谦让的过程中，一定经过了缜密的思考，并且找到了能说服柳小斌的理由，最后以柳小斌能听得懂的语言表达出来。在这一过程中，楼武的思维能力和语言表达能力都得到了锻炼。

4. 促进幼儿意志力的发展

敢与同伴发生冲突，敢于在与同伴冲突中大声地表达并坚持自己的主张，敢于在与同伴冲突中维护自己的权益，敢于为了满足自己的需求而不断地做对方的工作……要做到这一切，不仅需要幼儿有勇气，而且需要幼儿有适当的意志力。

不同的同伴冲突，其教育价值也不同。在介入幼儿同伴冲突之前，教师要明确本次冲突可主要用来实现哪些教育价值，并据此确定如何引导幼儿冲突的发展。

案例 4-5　争抢三轮车

中（5）班有30多个孩子，但仅有一辆三轮车，因此，每当自由活动时，三轮车都成为孩子们，特别是男孩子们争抢的对象。有时候，孩子们还为了这辆车的玩耍权而争吵甚至打起来。该班的老师为此甚感苦恼，心想：如果班里多几辆三轮车就好了。

事实上，玩具的相对贫乏也是一种教育资源，它容易导致幼儿产生同伴冲突，但它也会因此成为一种可资利用的促进幼儿发展的资源。它至少可以促进幼儿如下五个方面的发展。

（1）发展幼儿的社交技能。如，在冲突解决的过程中，幼儿学会了轮流玩、协调、合作等技能。

（2）发展幼儿的言语能力。如，在争夺过程中，幼儿为达到自己的目的而不断地用清晰有效的语句表达自己的需求，促进了其言语能力的发展。

（3）培养幼儿的情感与品质。如，在争夺的过程中培养幼儿的同情心、助人的品质和尝试解决问题的勇气。

（4）发展幼儿的思维能力。如，在争夺过程中培养幼儿的逻辑思维能力和思维的敏捷性。幼儿为了说服对方让自己玩，就得不断地为自己找更加充分的理由，在日常生活中还得不断地思考如何才能更多地赢得玩三轮车的机会——机会在哪里，策略在哪里。

（5）发展幼儿的意志力。如，在争夺过程中，幼儿克服困难的精神、坚持不懈的精神、不怕失败和被别人拒绝等意志品质会得到发展。

我们还可以说，玩具适当的不足也是一种教育手段，因为它更容易导致幼儿之间发生同伴冲突。

（三）选择介入时机

教师不合时宜地介入幼儿的同伴冲突，对幼儿的发展是不利的。比如，教师介入过早会剥夺幼儿自主解决冲突的机会，进而使其自我解决冲突的能力得不到发展，他们一旦遇到冲突，就会立即向教师求助，而不会自己解决冲突；教师介入过晚则会错失利用冲突促进幼儿发展的机会，甚至可能因冲突恶化给相关方带来身体和心理的伤害。因此，教师要认真研究和把握介入幼儿同伴冲突的时机，促进幼儿更好地发展。

那么，何时才是适当的介入时机呢？下列时机也许适合教师介入幼儿和同伴的冲突。

1. 幼儿未掌握化解冲突的策略与技巧

冲突双方没有掌握化解冲突的策略与技巧，因此无法有效地化解冲突，这时就需要教师介入，重点对幼儿进行化解冲突的策略与技巧的指导和训练。

2. 冲突激化有可能带给幼儿身心伤害

在同伴冲突中，适当的斗嘴有助于提高幼儿的语言表达能力；小打小闹，有助于提高幼儿身体的协调性。因此，当同伴冲突处在一个适度的水平时教师大可不必介入，可旁观幼儿是如何解决这些冲突的；而当冲突发展为较激烈的肢体冲突或者持续进行恶毒的语言攻击时，教师就应该介入冲突，将冲突引向正确的轨道。

案例 4-6 抢夺

中班自由游戏时间，范晓山在角色区玩医院游戏。突然，易湘北从"理发店"跑过来抢走了听诊器。范晓山很生气，大喊："这是我的，这是我的。"他要把听诊器抢回来。易湘北把听诊器藏到身后就是不肯给他，范晓山发火了，抡起拳头打易湘北的头，并把他推倒在地。

带班的容老师快速地做出了反应，将发生冲突的两人分开……

容老师的及时介入制止了矛盾的进一步激化，避免了肢体冲突可能给幼儿带来的伤害。

案例 4-7 指导幼儿吵架

自由活动时，孩子们总是喜欢说话，说着说着就吵起来了，性子急的文小虎扑上去要打丁聪。这时，在一旁监护的习老师走过来说："你们那么想打架呀！好啊，这可是锻炼的好机会。不过，打架应该用嘴说话，不能用手打对方，因为这样容易把小朋友打伤的。"于是孩子们停了下来，开始互相指责，并且说了一些很难听的话。于是，习老师又说："说话要文明、讲道理，错了要承认，向别人道歉。"

……

教师的引导让幼儿的冲突一直在正确的轨道上发展，不仅让幼儿学会了理性地处理冲突，还获得了解决冲突的智慧。

3. 冲突中的幼儿向教师求助

当幼儿在同伴冲突的过程中依靠自身的力量无法摆脱当前的困境，而来向教师求助时，教师应及时介入，并视情况采取不同的策略，引导冲突双方有效地解决冲突并从中得到发展。比如，在自由活动时，王晓兰看到平小威把闫小珂推倒了，要求平小威向闫小珂道歉。平小威不但不向闫小珂道歉，还把王晓兰也推倒了。于是，王晓兰哭着向教师求助。这时，如果教师只是继续旁观或者寄希望于幼儿自己解决问题，可能会让王晓兰产生失望和无助感。因此，当王晓兰向教师求助时，教师立刻做出了积极回应，以增强王晓兰的安全感，同时，对以攻击为手段解决冲突的平小威也是一种震慑和教育。

4. 冲突过程中出现有益经验值得推广

当发现冲突双方处理冲突的策略和方法值得其他幼儿学习时，教师应该介入，以推广这些有益的解决冲突的策略和方法，进而促进幼儿社会性的发展。

案例4-8 我是不小心的

自由活动时，正在搭积木的墨乐突然高兴得手舞足蹈起来："噢，我搭出高楼了，我搭出高楼了！"可是，由于他不小心，挥舞的手臂碰到了身旁的柯小雯的脸。柯小雯哭了起来："你为什么打人？我要去告诉老师！"墨乐说："我没有打你！"柯小雯边哭边说："你打我！我要去告诉老师！"墨乐急了："我没打你！你要告诉老师，我就真的打你了！"说着，墨乐举起了手。

柯小雯哭得更厉害了，边哭边不停地说："我要去告诉老师！"墨乐见状慢慢地把手放了下来："柯小雯，对不起，请你不要告诉老师。我是不小心碰到你的。"柯小雯的哭声变小了,墨乐又说:"柯小雯,对不起,不要告诉老师。我帮你揉揉。"于是柯小雯不哭了,两人一起搭起积木来。

墨乐与柯小雯的冲突过程,童老师看见了,但是没有吱声,她是想让孩子们有机会自己解决冲突。不过,在墨乐与柯小雯的冲突得到圆满解决后,她在全班小朋友面前让冲突双方重演了一次冲突及其解决的过程,然后她在点评时强调:无意中碰到别人要跟别人说声"对不起",如果有可能,再帮对方揉一揉。

童老师处理这两个孩子的冲突很有专业水平,既让冲突双方受到了教育,又让其他小朋友受到了教育。

5. 冲突中有一方采取了退缩策略

当冲突的某一方由于种种原因而采取了退缩性策略或做法(如逃跑、哭泣、无原则地忍让或忍气吞声地压抑自己等)时,教师应该介入,以纠正另一方的霸道态度和行为,同时,增强具有退缩倾向的孩子解决冲突的能力和勇气。此时教师的介入对冲突双方都是一个良好的教育机会。

6. 冲突进入了持久的僵持状态

当冲突双方持久地僵持在那里,冲突的解决没有取得任何进展,冲突双方都很不愉快,又找不到能令对方有效妥协的办法时,教师应该介入,与幼儿共同探讨双方都能接受的解决冲突的办法,以免幼儿在无谓的冲突上消耗过多的身心能量,而对其身心发展又没有任何益处。

案例 4-9 有商量就好说

在一次区域活动中,丁晓辉正在玩溜溜球,姜玉峰过来就抢,丁晓辉急得大哭起来,委屈地说:"你为什么抢我的溜溜球?"姜玉峰说:"蒙老师说了,好玩的玩具大家一起玩。"丁晓辉不服气地说:"是我先玩的,我还没玩够呢!你为什么要抢?"姜玉峰说:"不止你一个人想玩,我也想玩一会儿!"两人你一言我一语,争吵不休。这时,一个小朋友跑到蒙老师面前说:"蒙老师,丁晓辉和姜玉峰打架了。"

其实，蒙老师早就看在眼里、听在耳朵里，只是为了锻炼他们的语言表达能力，有意让他俩多争吵一会儿。蒙老师看他俩争执不下，决定去处理："姜玉峰，你为什么抢丁晓辉的溜溜球？"姜玉峰见蒙老师先让他解释，就得意地说："蒙老师，你看丁晓辉都玩了很长时间了，还不让我玩玩。"蒙老师接着问："你和他商量了没有？"姜玉峰低下了头，说："没有。"蒙老师又问丁晓辉："如果姜玉峰和你商量，你能和他一起玩吗？"丁晓辉点了点头。

姜玉峰态度十分诚恳地过去和丁晓辉商量了起来，他们想出了几种共同玩溜溜球的方法，一起享受着玩溜溜球的快乐和与小伙伴合作的乐趣。

7. 冲突出现了严重的不公平倾向

当冲突的某一方依靠智力、体力、言语能力的优势，采取欺骗、威胁等手段让对方接受自己解决冲突的方案时，或者，当其他非冲突同伴介入导致冲突解决严重不公平时，教师应该介入，以保证冲突的公平解决，进而保证幼儿成长环境的公平性，这对弱势一方和强势一方的成长都是有利的。

8. 一方非理性地坚持

在冲突的过程中，当某一方无论使用何种方法，都不能让另一方改变其不合社会性发展要求的做法时，教师就应该介入，以使解决同伴冲突的有效策略和办法，如"共享""轮流分享""平等交换"等得到推广，让"共赢""互助"等理念逐渐深入幼儿的内心。

案例 4-10　拒不讲理的赵凯

在自由游戏时，韦小贤走到秋千旁边对正在玩的赵凯说："给我玩一下吧？"赵凯十分坚决地说："不给！"韦小贤又说："我们轮流玩吧？"……

韦小贤换了许多平时所学的解决冲突的策略，赵凯就是不愿意给他玩一下。

……

如果此时教师还不介入，那么韦小贤将感到严重的挫败感，"分享""共赢"的理念在其心目中就会动摇，同时也等于默许甚至是鼓励赵凯拒不讲理的态度和行为，这对冲突双方的健康成长都是不利的。因此，当冲突一方的合理要求和策略得不到应有的回应时，教师就应该果断地介入，以促进冲突双方的健康成长。

不过，教师这一介入方式的前提条件是：幼儿不愿意分享的是公共物品而不是其私人物品。如果是幼儿的私有物品，则幼儿有权决定是否与别人分享，其他任何人都不得以任何手段强迫或暗示幼儿一定要与人分享，这是对幼儿物品所有权的一种尊重。

教师介入幼儿冲突的时机要适宜。不宜介入过早，要给幼儿充足的时间让他们尝试自己解决问题，等幼儿解决不了时教师再介入；教师也不宜介入过晚，介入过晚了，可能会错失最佳的教育时机，给冲突双方带来不利影响，甚至带来伤害。

（四）确定介入方式

教师介入幼儿同伴冲突有三种方式：一是让冲突双方依靠自身的力量和策略自行解决冲突；二是让非冲突小伙伴的介入促成冲突的结束；三是教师直接介入——在教师的引导下，冲突得到了解决，幼儿的相关素质得到了提高。

1. 介入方式的选择

不同的介入方式具有不同的功能，不同的介入方式各有其适合的条件，我们在选择介入方式时一定要考虑是否具备了相关的条件。

（1）冲突双方自行解决冲突问题的条件。

教师要相信幼儿并鼓励幼儿独立地解决同伴冲突，给幼儿足够的时间，创设让幼儿自行解决问题的机会。不过，幼儿自行解决冲突是有条件的，必须符合以下条件。

①幼儿已经掌握了化解冲突的策略。

随着幼儿处理同伴冲突经验的积累，教师要不断鼓励并给予幼儿自己解决同伴冲突的机会。前提条件是幼儿已经掌握了一定的化解冲突的策略。

案例4-11 我们一起玩吧

一天下午，小朋友们都在玩各自喜欢的玩具。徐小凡突然因为一套小积木玩具和诸葛乐莹争吵起来："你为什么抢我的积木？"诸葛乐莹理直气壮地说："不是。我没抢，是你抢！刚才我去喝水了，我还没玩好呢，你就抢去了。"徐小凡委屈地说："我没抢。因为看见没人玩了我才拿来玩的。"诸葛乐莹说："那现在你要还给我，是我先玩的。"徐小凡说："那我们一块玩儿好吗？"诸葛乐莹说："不行！"徐小凡说："我们一起玩吧，一个人玩多没意思啊。"于是，两个小朋友一块儿快乐地玩了起来。

徐小凡用"我们一起玩"的"好处"说服了诸葛乐莹，顺利地解决了冲突。

②冲突及其发展在安全范围内。

当幼儿尝试解决冲突的方法、手段、环境不会造成安全问题时，方可让他们自己去解决。

③冲突的解决应该有利于幼儿的健康发展。

幼儿自行解决同伴冲突问题，不要影响幼儿的健康发展。如果自行解决冲突会影响其健康发展，那么教师就应该介入冲突改变其影响轨迹。

（2）小伙伴介入解决冲突问题的条件。

让小伙伴介入解决冲突必须符合以下条件。

①介入者掌握调解冲突的基本策略与方法。

教师平时应该对幼儿进行调解冲突的技能的训练，让他们看到同伴冲突时，能为双方提出有效解决冲突的建议。

②介入者有帮助同伴解决冲突的热情。

对那些热衷于对同伴冲突进行调解的幼儿，教师平时要多给予其鼓励与肯定，以期在班级中形成一种关心同伴冲突、积极化解同伴冲突的风气。

案例4-12 从盥洗室里传出了哭声和争吵声

一天下午的课间,忽然从盥洗室里传出了哭声和争吵声。原来,芳芳踩了宁宁的脚,把宁宁的新皮鞋弄脏了。芳芳站在一边说:"我没有看见,你哭什么?"宁宁边哭边说:"你故意踩脏我的皮鞋,你赔我,你赔我!"这时,文磊走过来,边用手帕给宁宁擦眼泪边说:"宁宁,别哭了。芳芳不是故意踩你的新皮鞋,你原谅她吧。我们吃点心去。"结果,宁宁跟着文磊去吃点心,不哭了。

洪老师看到这一情景后,在吃点心时,当着全班小朋友的面表扬文磊在看到小伙伴发生冲突时,热情主动地去调解冲突,还表现出了对宁宁的爱心。此后,每当本班小伙伴发生冲突时,大家都不再冷漠地观望,而是积极地参与调解和安慰受委屈者。

③介入者在小伙伴里有一定的威信。

有一定威信的幼儿说的话才会被小伙伴们认可和执行。教师平时不妨树立一些这方面的代言人,让他们参与同伴冲突的调解工作。

(3)教师直接介入幼儿同伴冲突的条件。

前面两种介入方式都无效或者产生负面结果时,教师就应该直接介入幼儿的同伴冲突,引导同伴冲突向有利于幼儿健康发展的方向运行。教师在直接介入幼儿同伴冲突时忌用简单粗暴的方法,宜以引导和帮助为主,为幼儿提供思考和自主解决问题的机会。只有当幼儿依靠自己的力量难以解决冲突时,教师才应出面为幼儿提供解决问题的思路,引导幼儿正确地处理同伴冲突。

①直接介入。

直接介入就是当幼儿发生同伴冲突时,教师可以以语言或行为直接制止有可能导致幼儿受到伤害的冲突,或者让幼儿了解处理当前冲突或同类冲突的策略和方法。在运用直接介入这种方式时,教师要重视语言的作用,向幼儿解释为什么要这样做,然后向幼儿提出行为要求,以解决他们的冲突。如,在大型玩具区的滑滑梯活动中，毛锐走到牛勇面前插队，为此他们俩争执起来。牛勇很生气，推了毛锐一下，使原来的口头争执变成了肢体冲突，这时金老师及时介入了，她告诉毛锐："大家应该排队依次玩滑滑梯，插队是不对的。"同时她告诉牛勇："推人是不对的，你可以采取其他没有危险性的办法解决问题。"

值得注意的是，直接介入是一种典型的以教师为中心的同伴冲突解决的方式，它更多地体现了教师的干预作用，很可能会导致冲突处理过程中对幼儿主动性的忽视——幼儿只是按教师的建议做，没有思维的参与，没有相应的体验，有可能导致这样的现象：冲突平息了，但幼儿没有得到任何发展。

②原因探寻。

原因探寻就是帮助幼儿寻找同伴冲突产生的原因，了解自己在冲突过程中是否有过错，最后帮助幼儿找到合适的解决同伴冲突的办法。如，在上厕所时汪伟突然哭了起来，郝老师经过询问了解到，原来是罗宾推了他一下。此时郝老师没有马上批评罗宾，而是先安慰了汪伟，并让他们各自讲述冲突发生的过程，然后帮助他们找到冲突产生的原因——汪伟推了宋强，宋强是罗宾的好朋友，宋强为好朋友打抱不平于是就推了汪伟。最后教师先让罗宾向汪伟道歉，再让汪伟向宋强道歉，于是，他们又和好如初。

使用原因探寻这种介入方式，要求教师尽量避免使用命令的口吻直接指导幼儿，而应引导幼儿陈述冲突发生的过程，还原事情真相，以引导幼儿判断自己的行为是否恰当，并最终找出解决冲突的有效方法。

③间接引导。

间接引导就是在介入幼儿冲突的过程中，教师向幼儿提出各种解决冲突的方案，并与冲突双方一起分析各种方案的优缺点，并引导他们根据实际情况做出合理选择。如，在自由游戏的时间里，龙晓华特别想玩姚晓贝正在玩的秋千，而姚晓贝不想给她玩，这时教师建议她们轮流玩（一个人玩一会儿）或者一块儿玩（一个人坐在秋千上，一个人在下面推），或引导她们想想是否还有其他合适的解决办法。

间接引导的优点在于减少了教师的直接干预给幼儿带来的压力和内心的不快,给幼儿自主选择的机会,幼儿的自主需要得到了一定的满足,其自主性也得到了一定的提高。

④情感支持。

情感支持就是在介入幼儿同伴冲突的过程中,教师不是直接提供解决冲突的办法,而是通过言语、表情、动作等给幼儿以情感支持,鼓励他们独立自主地解决冲突。如,在玩积木游戏时,孙冠雄的房子少个门,他就强行从朱小曼那里抢了一个。旁边的唐文涛看到了,要求孙冠雄把积木还给朱小曼,可是孙冠雄不肯,于是唐文涛去抢,但没有抢到,他很生气地跑去找教师告状了。这时,教师通过言语、眼神和微笑等方式表达了对唐文涛的信任,并鼓励他寻求更为恰当的方式解决冲突。

在使用情感支持这一方式时,教师要让幼儿真切地感受到自己是被重视和被信任的,从而产生积极的情感体验,主动地去寻求更佳的解决冲突的办法。情感支持这一方式需建立在幼儿具备一定的自主解决问题的能力和情感倾向的基础上,因此,更适用于年龄稍大的幼儿。

2. 介入方式选择的程序

从更有利于幼儿发展的角度来看,上述三种介入幼儿同伴冲突方式的选择次序应该是:首选"让冲突双方自行解决冲突问题",次选"让小伙伴介入解决冲突问题",在前两者都无效的前提下教师直接介入幼儿的同伴冲突。因为教师介入幼儿同伴冲突的最终目标是幼儿能够自己解决问题。

(五)介入幼儿冲突

1. 教师介入幼儿冲突的条件

教师在介入幼儿同伴冲突时,应该注意以下七点要求。

(1)公平公正。

教师介入幼儿同伴冲突,解决他们的问题,一定要公平公正,不得偏袒任何一方,以免对幼儿的身心造成不良的影响。如,教师喜欢的丁钉把小勇弄哭了，他先去告状，说是小勇先打他的。听完丁钉的诉说后，教师不分青红皂白地把受了委屈的小勇批评了一番。而孩子们的眼睛是雪亮的，觉悟也是挺高的，其他知道真相的孩子争先恐后地帮助澄清事实，而此时的教师听不进去，对孩子们说："那你们就别惹他！"

幼儿发生冲突后，教师如此不公平地应对，对冲突双方甚至对所有的幼儿都是一种伤害。

案例 4-13 老实人总是……

何晓艳和王英为争做娃娃家的"妈妈"发生了争执。这时，苗老师走过来，对她们说："娃娃家的妈妈只有一个，小吃店里人手不够，你们谁去小吃店玩呢？"两个小朋友异口同声地说："我不去，就要当妈妈！"苗老师想了一下，对何晓艳说："晓艳平时最乖了，最听老师的话了，也特别谦让小朋友，老师最喜欢你了。你去小吃店玩好吗？"何晓艳噘着小嘴，极不情愿地来到了小吃店……

苗老师如此处理幼儿的冲突是不公平的，同时，对幼儿的健康成长也是不利的，它会让老实人觉得憋屈，而不愿谦让的人占尽便宜——这样，他们永远不会谦让，他们觉得所有的人都应该谦让他们，如此一来，他们永远不会谦让，谦让的品质便无法形成，走向社会后将会因此而吃尽苦头。

案例 4-14 老师，她不谦让

点点聪明可爱，长得小巧玲珑，在班里年龄也最小。老师教育小朋友们要相互谦让，点点成了大家谦让的对象。渐渐地，点点习惯了被大家照顾。有一天吃完早饭，点点想去图书角看《吹牛大王历险记》，可是宁宁正看得津津有味。点点理直气壮地要求："我最小，你应该谦让我。"宁宁实在舍不得放弃这本新书，于是点点向老师告状："老师，她不谦让。"

案例 4-15 老实人总是谦让

白晓毅是中班的小朋友，性格比较内向，不太喜欢说话，但也能与小朋友友好地相处。他平时玩玩具的时候总是比较被动，看见争抢的场面总是后退一步。有一天他刚从玩具架上取下一套插塑高兴地玩着，易小智走过来说也要玩。白晓毅不给，两人争夺起来。王老师看见了说："我看谁是会谦让的好孩子！"白晓毅极不情愿地把插塑推给了易小智，易小智以胜利者的姿态玩去了，白晓毅则无可奈何地去玩别的玩具。

在教师的误导下，在外部的各种压力下，总是"大的"让"小的"、"老实的"让"不老实的"、"懂事的"让"不懂事的"，这既不公平，也不利于"谦让者"与"被谦让者"的健康成长，应该引起幼儿教师对谦让教育的反思。

（2）以不伤害幼儿为底线。

处理幼儿冲突应以不伤害任何一方为底线，以促进幼儿的健康发展为目的。也就是说，在处理幼儿同伴冲突的过程中，即使教师不能有效地促进幼儿的发展，至少也不能以伤害冲突的任何一方为代价去处理幼儿的同伴冲突。

案例 4-16 大家羞一羞他

在一次课间休息的时候，雷军将俞力打哭了。上课时，郑老师在没有调查原因的前提下，就把雷军拉到讲台前，对其他幼儿说："今天雷军不乖，大家羞一羞他！"于是，小朋友们用手比画着羞雷军，接着，郑老师又大声地对小朋友们发出号召："我们不要他了，叫他去小小班！"所有的幼儿都大声喊道："出去，出去！你去小小班，我们不要你了！"雷军被赶出了活动室。

郑老师是为了"教育"雷军，为了让他以后在同伴冲突中不要犯同样的错误。这样的教育有没有效果，在此我们暂且不谈，可以肯定的是，这样的教育肯定对雷军造成了伤害，并且对其他没有犯错误的孩子来说也不是件好事，它会误导孩子们——别人犯错误时，我们可以羞辱他，可以不尊重他。

（3）让同伴冲突有个完整的过程。

同伴冲突是幼儿成长过程中不可缺少的一项人生历练，幼儿的社会性就是在与人争吵—和好—争吵—和好……的循环过程中得到发展的。冲突的每一个环节对幼儿而言都是发展的机会，因此，要让幼儿同伴冲突有一个完整的过程，在冲突的过程中，要给幼儿足够的时间，让他们有充分的使用和发展智慧、能量的机会，不要在冲突的萌芽状态就由于教师的介入而人为地将其消灭——这种过早的介入使幼儿还没来得及自行思考就被教师剥夺了独立解决冲突的机会，久而久之，他们自我处理同伴冲突的能力没有机会成长，更加依赖教师干预冲突，而不是依靠他们自身的力量独立地解决冲突。

（4）明确自己的角色。

在应对幼儿同伴冲突时，教师承担着下列角色。

①幼儿情绪的接纳者。

同伴冲突发生后，冲突双方的情绪都不太好，甚至过于激动、冲动。在冲突过程中，可能有的幼儿做的是"对的"，有的幼儿做的是"错的"，但教师不能因其行为的对与错而表现出接纳或不接纳他们的情绪，教师要无条件地接纳冲突双方的情绪——无论他们在冲突过程中做得"对"还是"错"。

案例 4-17　你倾向于哪种应对方案？

在玩桌面积木时，乐乐看到瑾瑾到其他桌去玩了，就过去拿走了瑾瑾刚才玩的积木。瑾瑾回来后发现自己桌上的积木没了，很生气，就过去把积木抢了回来，在抢积木的过程中无意中碰到了乐乐。于是乐乐哭着向蒋老师告状说："瑾瑾抢走了我的积木，还打我。"而瑾瑾也很生气地说："是我先玩的，是她抢我的积木，我要拿回来。"

A 方案

老师对瑾瑾说："乐乐都被你打哭了，你还好意思生气？"瑾瑾听后无语地低下了头。

老师对乐乐说："瑾瑾轻轻地碰了你一下，有什么好哭的，而且你拿瑾瑾桌面上的积木也不跟他说一声！"乐乐无语地低下了头。

B方案

老师问瑾瑾："乐乐拿了你的积木，你很生气，是吗？"瑾瑾拼命地点头说："是的，我很生气。"

老师问乐乐："你很喜欢玩这个积木是吗？"乐乐点点头。老师又问乐乐："刚才瑾瑾碰疼你了吧？"乐乐看着老师点点头。

冲突的双方都处在不良的情绪状态中，内心都比较难受。A方案无疑是火上浇油，让冲突双方更加难过；B方案先表达老师对幼儿情绪体验的理解，幼儿的情绪会因此而变得平和一些，内心感觉也会好受一些。

②幼儿发展的促进者。

在处理幼儿同伴冲突的过程中，教师不是冲突的简单平息者，也不是冲突过程中谁对谁错的裁定者，而是幼儿发展的促进者。教师在应对幼儿同伴冲突的过程中的主要任务是利用同伴冲突促进幼儿的社会性，特别是解决冲突能力的发展，以达到"指导是为了不指导""帮助是为了不帮助"，让幼儿学会独立处理冲突的目的。

③幼儿同伴关系的修补者。

教师在处理幼儿冲突的过程中还扮演着幼儿同伴关系修补者的角色，即修复或弥补由于冲突而造成的同伴关系紧张状态。虽然我们常说幼儿还小、不记仇，也经常看到一些幼儿确实在冲突过后关系仍很亲密，但随着年龄的增长，尤其是大班幼儿开始出现选择性的同伴交往，一些比较严重的冲突还是会在幼儿的心中留下阴影，不利于幼儿同伴关系的处理。教师要引导幼儿正确处理同伴关系，尤其是在冲突之后，使冲突双方的关系不受严重影响，恢复原有交往水平甚至加深友谊。通常可以采用让幼儿握手、拥抱、共同参与游戏或合作完成游戏活动等方式消除隔阂，缓和关系，促进交往，重建良好的同伴关系。

（5）深刻领悟不同价值取向的策略。

应对幼儿同伴冲突，根据其重心不同，一般有三种不同价值取向的策略：一是教师中心策略；二是幼儿中心策略；三是高权威策略。这三种策略各有特点，功能也不一样，我们应该深刻体会其背后的教育理念和操作要义，在实践中根据同伴冲突的性质以及我们所要达到的教育目的而慎重地进行选择。

①教师中心策略。

a.教师的作用与幼儿的作用。

教师帮助幼儿澄清问题，讲述冲突双方的体验、感受、需要和想法，还给幼儿提出解决冲突的建议。

幼儿是被动的，他们只有被动执行权，缺乏内在动力。

b.特点。

简单易行，立竿见影，能够很快地平息冲突，但效果是暂时的，幼儿没有形成相应的能力。

案例 4-18 你需要我帮忙吗？

建构区的活动结束了，余圣在欣赏他的作品，舍不得拆掉。叶宏云过去帮他拆掉。余圣大喊："别动我的！"叶宏云理直气壮地说："老师说要相互帮助的。"余圣尖叫起来。

蔡老师给余圣的建议是："不要尖叫。你要让叶宏云知道，你想自己来，不需要她帮助。"

蔡老师给叶宏云的建议是："你要问余圣：'你需要我帮忙吗？'他同意后，你再帮他的忙。"

听了蔡老师的建议，余圣与叶宏云的冲突很快得到了解决。

案例 4-19 他不让我玩……

许颖很气愤地对曾老师说："小莉不给我玩三轮车。"

曾老师说："你等几分钟，或先做其他的事。过一会儿再去问她，可能她就会让你玩了。"

过了几分钟，许颖过去问小莉："能不能让我玩一下三轮车？"结果，小莉还是没有让她玩。许颖又来向曾老师求助。

曾老师说："你去和小莉说，'你让我骑三轮车，等一下荡秋千时，我帮你推。'"

许颖走过去按曾老师的建议和小莉交涉，但还是没有效果。许颖又回来求助。

曾老师说："你再过去跟小莉说，'我很想骑，我等了很久了。'"

……

曾老师在应对许颖和小莉的冲突中采用了教师中心策略，不断地给许颖建议，唯独没有想到让许颖自己去想想应该如何应对当前的冲突。这种策略没能让许颖和小莉从中学会应对同伴冲突的策略，反而让她们面对冲突时更加依赖老师。

②幼儿中心策略。

a. 教师的作用与幼儿的作用。

教师只提供思路，是引导者而不是命令者。

幼儿自己建构冲突解决方案。幼儿阐述自己的观点，或者相互体验对方的感受，表达自己的愿望。幼儿有解决冲突的内在动力。

b. 特点。

效果比较持久，并且具有迁移性，不过，耗时比较长。

③高权威策略。

a. 教师的作用与幼儿的作用。

教师以原定的生活和教学计划为出发点，冲突的解决主要是为了排除干扰正常生活和教学的因素，尽快恢复正常生活和教学秩序。

不考虑幼儿能否接受方案，一切都无条件地服从恢复生活和教学正常秩序的需要。

b. 特点。

不考虑冲突双方的关系能否恢复到良好的状态。不但不能解决当前的冲突问题，而且会让冲突双方的对立情绪激化，这种被激化的矛盾会延伸到以后的情境中。

建议教师在实际工作中多采用"幼儿中心策略"，尽可能地不用高权威策略。

案例4-20 人和影子，谁跟谁走？

集体教学活动中，冯老师在讲《我和影子的故事》，高敏和韩毅就"影子跟着人走"还是"人跟着影子走"的问题争论不休，都觉得自己的观点才是对的，并为对方反对自己的观点而感到生气。冯老师注意到了他们的争吵，马上停止讲课并对高敏和韩毅说："你们先听老师讲，不要说话。"

高敏和韩毅听了冯老师的劝告，停止了争论，但集体教学活动结束后高敏和韩毅还在为这个问题争论。

冯老师介入高敏和韩毅之间的冲突，采用的就是高权威策略，她的介入并没有让高敏和韩毅之间的冲突得到有效的化解，而仅仅是被压抑下来而已，因此，随后高敏和韩毅仍然处于冲突状态之中。

（6）要有正确的态度。

看到幼儿发生同伴冲突，教师应该难过还是高兴？看到幼儿不断地发生同伴冲突时，教师应该愤怒还是镇静？我们主张，看到幼儿同伴冲突时，不仅不应该生气，还应该高兴，应该这样想：今天是何等的幸运，他们为我的教育提供了教育机会。因此，看到小朋友们发生同伴冲突时，教师绝对不应该粗暴地对孩子们喊叫："气死我了！干吗老吵架？""你们太不懂事了，都上大班了还不懂得相互谦让。""都说你们多少遍了，你们还是……"

（7）注意对冲突事件中的幼儿进行诊断。

在直接介入幼儿冲突事件之前，教师应该对相关幼儿进行诊断，以确保后续的介入更加准确到位，更加有利于幼儿的发展。可以根据以下问题对冲突中的幼儿进行诊断。

①该幼儿今天的冲突行为在过去是不是经常发生？

②该幼儿今天的行为对他而言是不是一种进步？

③如果让相关幼儿自行处理这件事情，他们会不会学到一定的理念或行为？

④参与事件的幼儿目前所表现的行为模式，如果不加以修正会不会留下什么后遗症？

上述每个问题都暗含着幼儿的不同发展状态和方向，正确了解这些信息有利于教师更好地利用同伴冲突来促进幼儿的健康发展。

2. 教师介入幼儿同伴冲突的程序

教师介入幼儿冲突事件，一般需要经过如下六步程序。

（1）倾听。

倾听幼儿的诉说，了解冲突发生的相关情况。这时教师可以问幼儿："你们能不能告诉老师到底发生了什么？"

（2）感谢。

感谢每个幼儿，感谢他们告诉你刚才所发生的一切。教师认真地倾听每个人的想法，然后对他们说："谢谢你们告诉我发生的事情。"教师并不责备其中任何一个幼儿，不让幼儿陷入谁应该受到批评的争吵中去。

（3）让幼儿尝试了解别人的需要和感受。

问每个当事幼儿："对方想要什么？你那样做，对方的感受是什么？"教师不是对幼儿进行指责和羞辱，而是将事情转移到尝试了解感悟对方的需要和感受上，这时，大部分幼儿都将注意力集中到对方的需要和感受上，并会诚实地回答这个问题。

（4）引导幼儿追求共识。

教师可以问每个幼儿："请说出你认为可以让对方感觉好一些的三种以上的做法。"在每个幼儿回答相关问题后，教师总结幼儿所说的自己怎么做可以让对方感觉好一些的措施,然后与冲突双方讨论,确定大家都能接受的可以让共同利益最大化的解决方法,并握手达成共识,大家一齐大声地说:"我们同意……"

相信每个幼儿对此都会感到如释重负,因为他们没有受到责备和惩罚。另外,幼儿自己可以控制解决的办法,这意味着幼儿会按照他们的决定去做,以后不再发生冲突。教师强加的解决方案是不会令人满意的,而且经常会导致幼儿不好的情绪感受或持续的冲突;幼儿自己的解决方式也许比教师的解决方式更富有创造性,更令人满意。

教师还可以在合理解决幼儿间冲突的基础上,以点带面地组织其他幼儿通过多种形式学会观察、体验、理解他人的情绪情感,并展开讨论、交流,习得正确的与人相处的方式方法。

(5)遵循达成一致的解决冲突的方案。

让幼儿明白如何去执行大家达成共识的方案,并监督进展以确保大家的意见能够按既定的方案公平公正地进行。

(6)反思:解决冲突的方案有效吗?

不是所有的方案都能如期成功地解决幼儿同伴间的冲突。如果无效,又该怎么办呢?最后一个阶段就是评价解决方案,幼儿也有机会反馈该方案的效果以及他们的感受。如果幼儿对这个结果不满意,他们可以尝试另外的方案,由此他们将重新经历上述五个阶段。

通过冲突的解决,上述解决冲突的方案中所蕴含的各种理念(如同理心、换位思考、自己的问题自己处理等)和技术将会逐步内化为幼儿的观念和行动技能,他们的社会行为就会从自我中心转化到与人友好地合作和对他人的尊严给予关注上。

案例 4-21　谁抢了谁的玩具?

背景

于丽说,解东晓拿走了她正在玩的积塑。

于丽大哭起来。

解东晓说，那是他先拿来玩的，只是把它们放下了几分钟，去了一趟厕所。当他回来的时候，发现于丽拿走了积塑，所以他要从于丽那里拿回来。

应对措施

印老师说："你们能不能告诉老师到底发生了什么？"

于丽告诉印老师："是解东晓的错，因为他从我这里抢走了积塑。"

解东晓反驳说："是于丽的错，因为是我先玩的，我只是把它们放下了一小会儿，去了厕所一趟，回来后就发现于丽把我的积塑拿走了。"

印老师认真地倾听他们每个人的想法，然后对他们说："谢谢你们告诉我发生的事情。"印老师并不责备其中任何一个人。

印老师接着问："于丽，你认为解东晓对所发生的事情有什么感受呢？"

于丽听到这个问题很吃惊，她回答说："但这是他的错。他从我手上抢走了积塑。"

印老师回应道："我知道，你已经告诉我了。但是，现在我们谈论的是感受。你认为解东晓的感受是什么？看着他的脸。"

于丽最终回答："解东晓看上去很愤怒。"

印老师再问解东晓："你认为于丽的感受是什么？"

解东晓也很吃惊并仍然想指责于丽，但是老师坚持要他谈论感受。

解东晓最后说："她感觉很糟糕，因为她在哭。"

印老师又分别问于丽和解东晓："于丽，你说说，你应该怎样做，解东晓才会感觉好一些？""解东晓，你说说，你应该怎样做，于丽才会感觉好一些？"

于丽和解东晓提出了一些办法："轮流玩积塑。""一起玩积塑。""一起玩猜谜语游戏。""一起玩积木。""给对方一个大大的拥抱。"

最后，印老师说："那就按你们的想法去做。"

于丽和解东晓之间的冲突解决了，他们又愉快地玩在一起了。

印老师在解决于丽和解东晓之间的冲突的过程中，没有批评，没有说教，没有对与错的判断，只是启发幼儿在做事之前和做事之后，除了想着自己外，还要想着别人。

（六）反思介入

应对幼儿同伴冲突的最后一个环节就是教师对本次应对幼儿冲突的过程与效果进行反思。教师介入幼儿同伴冲突后，可以从以下几个方面进行反思。

（1）对幼儿发生冲突的原因确定是否正确？

（2）如果对幼儿发生冲突的原因确定不正确，那么造成这方面的判断失误的原因是什么？这种失误导致了哪些后果？该如何补救？

（3）对幼儿冲突的介入是否取得了预期效果？

（4）如果介入幼儿冲突没能取得预期效果，那么原因是什么？该如何进行补救？

（5）本次幼儿同伴冲突还可以用来促进幼儿哪些方面的发展？它们的路径是什么，方法是什么？

（6）本次介入幼儿同伴冲突产生了哪些意想不到的效果（好的或坏的）？原因是什么？对我们今后的工作带来了哪些启示？

不断地反思有利于教师不断地提高应对幼儿同伴冲突的能力，进而更加有效地促进幼儿的发展。

三、综合实训

实训4-1 今天我当医生

游戏时间，马骏和胡斌共同选择了角色游戏小医院，忽然两个幼儿争吵起来，争抢医生的白大褂。

谢老师匆忙来到游戏区，一把抢过白大褂。

谢老师："怎么了？你们为什么吵架？"

马骏："是我先来这个区的，今天我当医生。"

胡斌："是我先拿到衣服的，我要当医生。"

马骏："他昨天就当了医生……"

谢老师："好了，胡斌，你昨天都当了一次医生了，而且今天是马骏先到这个区的，应该由他先选。你下次再当医生吧。我们不是说了每天要换角色吗？"

马骏高兴地穿上了医生的衣服；胡斌不情愿地扮演了病人，玩了一会儿就换到其他区角了。

谢老师的做法错在哪里？如果你是谢老师，你将如何应对幼儿的此类冲突？

实训4-2 他们不带我玩

自由游戏时，左健向曹老师报告说："曹老师，潘杰他们不带我玩。"曹老师说："你很想和他们玩，是吗？"左健回答说："是的。"曹老师就拉着左健的手走到潘杰等三人面前，说："他很想和你们玩，你们就带着他一起玩吧。"潘杰说："他上次表现不好。"左健立即反驳说："我没有。"潘杰又说出了左健的另一个不足之处。最后，曹老师说："他愿意改了，你们就带他一起玩吧。"尽管曹老师一直站在他们旁边，他们也不回答曹老师，同时也不再玩刚才的游戏了。

如果你是曹老师，你将采取什么措施让潘杰等小朋友接受左健？

实训4-3 是我的！

两个孩子同时看上天线宝宝的脚踏车，为了抢夺该车，他们几乎同时跑过去且碰到车把，两个人开始拉扯车把，都大声喊："是我的！"一个孩子将另一个孩子推开了。

你看到了会如何应对?

实训 4-4　你的忠告

幼儿 A 正在高兴地骑着木马,幼儿 B 走过去对他说:"你下来,让我骑一下木马!"幼儿 A 说:"不!"幼儿 B 猛地把幼儿 A 从木马上推下来,他们打了起来。

组织幼儿讨论:

(1)你给幼儿 A 哪些忠告?

(2)你给幼儿 B 哪些忠告?

你能给幼儿 A 和幼儿 B 哪些忠告?

实训 4-5　大的让小的

在建构区,方一宏与邱晓颖抢夺同一块积木,都说要搭房子。方一宏的个子明显比邱晓颖大,夏老师在一旁说:"方一宏,给邱晓颖玩,好吗?大的让着小的嘛!"方一宏极不情愿地把积木让给了邱晓颖。

大的一定要让小的吗?如果你是夏老师,你将如何应对方一宏与邱晓颖之间的冲突?

实训 4-6　正确引导家长介入孩子与同伴的冲突

有个小女孩读幼儿园中班,长得乖巧漂亮,是父母的掌上明珠。可是她最近总是闷闷不乐,大人给孩子洗澡时,总会看到孩子身上有伤,今天小腿上一团青紫,明天膝盖破皮……家里人自然非常心疼。但是,家里的三个大人采取了不同的应对方式和态度。

A方式：不理会型。爸爸说："这是小事，我以前也是天天受伤。"孩子什么也没说。

B方式：过度担心型。奶奶说："这是××弄伤的吗？不行，我得找他算账！"孩子只是一个劲儿地哭，奶奶急得团团转。

C方式：好朋友型。妈妈说："最近幼儿园里发生了什么有趣的事情吗？"（或者："你有什么事情想跟妈妈分享吗？"）孩子想了想，说出了最近身体受伤的原因。

A方式：孩子不习惯跟父母交流，未来也可能会不习惯与其他人交流。

B方式：大人的过度担心让孩子觉得发生了天大的事情，自己感到很委屈，不利于其人际交往。

C方式：除了能了解到当前的问题，还有利于孩子跟父母进行更多的沟通，孩子也会喜欢交流和分享。

小朋友之间闹矛盾，家长的态度会影响孩子处理冲突的方式，甚至影响孩子性格的发展。

实训4-7　带你儿子去学空手道

一个男孩放学回家后总是告诉家长说自己被幼儿园里的小朋友欺负：要么在户外活动时被别人推了一把；要么自己的玩具或图书被别人抢走……

家长跟老师反映了相关的情况，老师告诉家长："我不可能在同一时间去跟踪或保护每个孩子，你的儿子必须学会自己去应对欺凌。你儿子的个子很小，所以很可能还会受到欺凌。建议你带儿子去学空手道。"

你觉得这位老师给家长的建议有道理吗？如果是你，会如何对家长的要求做出回应？

实训4-8　小伟将颜料溅到小勇的纸上

小伟将颜料溅到小勇的纸上，小勇很气愤，一拳头打过去，小伟哭了……

平帆老师告诉小勇："我感觉到，小伟将颜料溅到你的纸上，你很生气！不过，你没有和他谈谈，而是打了他，这让我很不安。你需要用语言告诉小伟你的感受，而不是打他。你可以告诉他，'你将颜料溅到我的纸上，我很生气！'"

案例中平帆老师的做法有哪些可取之处？

实训 4-9　迁移

颜颜是个个性和口语表达能力都比较强的孩子，但在动手能力方面比较欠缺。在操作活动中，颜颜只要看到比自己好的作品就会"破坏"，常常引得同伴不满，老师的批评对他似乎不起作用。有一次，颜颜与培豪在结构区各自建构一辆很有创意的汽车，老师及时地表扬了颜颜。颜颜受到表扬，十分自豪。当他们进入最后的工序时，培豪的汽车缺少一个轮子，趁颜颜在寻找玩具时卸下了他的汽车轮子，在卸轮子的过程中把汽车弄坏了。一看到自己的汽车被弄坏了，颜颜就与培豪争吵起来，而且哭得特别伤心。看到这一情景，万老师说："你是不是很伤心啊？"颜颜说："我是很伤心，这是我拼的汽车，培豪把它弄坏了，我当然很伤心。"万老师又说："真可惜，这么漂亮的汽车坏了，你是会伤心的。不知道你以前把小朋友们的东西弄坏了，他们会不会像你一样伤心？"颜颜回答说："肯定也会伤心。"

对上述案例中万老师及时地抓住机会对颜颜进行教育，你怎么看？

实训 4-10　教幼儿用语言来表达自己的愤怒之情

迪克正在兴致勃勃地玩自己最喜欢的自动倾斜车。爱德华突然走过来，一把抢走了迪克的玩具车。迪克生气了，抢起拳头就朝爱德华打去。老师赶紧飞奔过去制止打斗。

老师必须告诉小朋友们,尽管生气是人之常情,但是打人是不对的,同时要努力教会幼儿保护自己,并在不借助拳头的情况下表达自己的愤怒。老师该教会幼儿使用以下语言来表达自己的愤怒:

- 够了!不要这样!
- 别动!我正在玩这辆卡车呢,等我不玩了你再玩吧。
- 我在玩这个呢,你重新找一辆车吧。

你是否教过幼儿用语言来表达自己的愤怒呢?幼儿用拳头来解决冲突往往是由于他们受到另一个小朋友的攻击,他们往往会怒不可遏、气急败坏地认为打架是自己唯一能做的。

实训4-11 A方式与B方式

查晓梁抢了卜小惠的积木,卜小惠哭着向教师告状。

A方式

教师将查晓梁叫到跟前,跟他讲抢别人的东西是不对的,要他把玩具还给卜小惠并向她道歉;同时,教师还安慰了卜小惠。

B方式

教师问查晓梁:"你之所以抢卜小惠的积木是因为你喜欢它,对吗?"在得到肯定回答后,教师帮助查晓梁分析各种表达需要的方式可能带来的后果,使他明白除了抢之外还有其他方式。接着,教师帮助查晓梁选择一种最佳的方式:"你能不能不抢,而是直接告诉她你很喜欢她的玩具?"

对于卜小惠,教师同样可以帮助她选择一种表达情感的最佳方式:"你能不能不哭,而是直接告诉查晓梁他那样做让你很生气?"

上述两种处理方式,你喜欢哪种?为什么?

实训4-12　公开声讨

沙亮是大班的一名幼儿,由于父母经常吵架、打架,他感到压抑、不安。在幼儿园里,沙亮不是打人就是惹小朋友哭。有一天,他又打人了……

时老师:哎呀!安安的脑门上红肿了,是怎么搞的?

安安:是沙亮敲的。

时老师:那么,贝贝的手上为什么涂了红药水呢?

贝贝:是沙亮弄伤的。

时老师:刚才强强哭了,是吗?

强强:是的,沙亮抢我的东西。

时老师:啊,都是沙亮干的!那么今天被沙亮欺负的小朋友都站到这里来。

(好几个小朋友走了出来,沙亮咧着嘴笑。)

时老师:沙亮一个人欺负了这么多小朋友吗?

大家:是——的!

时老师:大家喜欢沙亮这样吗?

大家:不——喜——欢!

时老师:明天你们还跟沙亮一起玩吗?

大家:不——!

时老师:是呀,沙亮太欺负人了,大家都不要跟他玩了。

(沙亮的嘴越咧越大,但没哭。时老师为了给他一个小小的惩罚,当时没有去理会他。)

时老师这样教育沙亮对吗?为什么?

实训4-13　老师,景刚阳打我

在室外自由游戏的时候,姬小虹来告状:"老师,景刚阳打我。"

教师的反应是对姬小虹说:"要么打回去,要么离他远一点儿。"

如果你是当班老师,你的应对措施是什么?

实训4-14 你们看,该怎么办?

艾老师来到发生冲突的迟勇和冷毅旁边,听他们俩的讲述。艾老师了解完情况后,问道:"你们看,该怎么办?"迟勇看看艾老师后对冷毅说:"对不起。"冷毅回应道:"没关系。"艾老师对迟勇和冷毅说:"用行动表示出来。"于是,两个幼儿互相握了握手。

艾老师如此程序般地处理幼儿的冲突,你觉得好吗?为什么?你有什么好的建议呢?

案例4-15 以后再……就……

阳阳和小妍面对面地坐着玩炒菜游戏,突然阳阳左手捂住鼻子,右手用铲子打小妍的胳膊,小妍也打了他一下。

老师:怎么了?

阳阳:他打我的鼻子。

(小妍看看玩具,看看阳阳,又看看老师。)

老师:她为什么打你的鼻子?你们两个真厉害,还互相对打起来。好了,大家都先别玩了。

(老师说完去拿小妍手里的铲子,这时候小妍开始哭。)

老师:你们两个谁先动手的?

阳阳:是小妍先打我的鼻子的。

老师:你为什么打他的鼻子?

小妍:他用小熊弄我。

老师:他用小熊弄你,你应该跟他说你不喜欢这样,或者对老师说。

（小妍低着头。）

老师：那你打他的鼻子对吗？

（小妍摇头。）

老师：说话，我看不懂。

（小妍继续摇头，这样反复了三次。）

小妍：不对。

老师：她打你，你就打她，对不对？

阳阳：不对。

老师：好了，以后要是我再看见你们两个对打，你们就都不要玩了。

你觉得上述案例中老师在处理阳阳和小妍的冲突方面，有哪些可以改进的地方？

实训4-16 你们自己想办法！

室外自由活动时，小朋友们都玩得很开心。突然，梅老师听到一阵吵闹声，原来是饶宁和卫东为抢秋千吵了起来。饶宁说："我先抢到的，我先来！"卫东也说："我先抢到的，我先来！"两个人争执不下。他们俩见梅老师过来，都争着说："老师，他抢我的秋千！"梅老师看了看他们，说："你们自己想办法！"饶宁一把推开卫东，说："我先来！"卫东看了看老师，突然说："那我让饶宁先玩，等一下我再玩，好不好？"梅老师轻轻地摸了摸卫东的头："那你自己跟饶宁商量！"卫东跑过去对饶宁讲了自己的想法。饶宁很高兴地说："我们一起玩，轮着玩吧！"

案例中梅老师的做法有什么值得我们借鉴的地方？

实训4-17 打！使劲打！

户外活动结束后，乐乐和明明在放衣服时打了起来。老师看到了，严厉地说:"打!使劲打!"两个孩子停了下来,老师走过去训斥道:"你们俩把衣服叠好了再去吃饭!"

以上案例中,教师采用威胁的方法处理了幼儿的打架事件,这是教师惯用的处理手段。这种做法除了给幼儿的精神和行为上造成负面影响之外,并没有让幼儿从中学会解决同伴冲突的技巧,如合作与责任,幼儿并没有从中学习到任何有益的东西。

实训4-18　就你淘气!你别玩了!

有一次,自由活动时,芳芳来找老师告状,说军军抢了她的玩具。屠老师立即把军军叫过来,教育了他几句就让他回去了。可没过多久,又有几名幼儿来告军军的状。屠老师有些生气了,把军军叫过来训斥:"军军,你为什么老抢别的小朋友的玩具?咱们有那么多玩具,你还要抢?"军军大喊:"我没抢!"见军军顶嘴,屠老师更生气了:"没抢?那么多小朋友都来告你的状呢!就你淘气!你别玩了!"

屠老师在处理军军与同伴的冲突时错在哪里?

【参考文献】

[1] 戈登,布朗.幼儿教育学导论:下册[M].梁玉华,等译.成都:四川少年儿童出版社,2010:23-25.

[2] 李季湄.幼儿教育学基础[M].北京:北京师范大学出版社,1999:128-129.

[3] 李慧丽.幼儿同伴冲突中的教师介入行为问题研究[J].教育导刊(下半月),2015(7):27-30.

[4] 王赛.如何应对幼儿之间的矛盾冲突——基于高瞻课程的幼儿冲突解决策略[J].教育导刊(下半月),2015(1):33-34.

［5］李雪艳，张夏青.高宽课程儿童冲突解决"六步法"探析［J］.教学与管理，2014（33）：99-101.

［6］段丽莎.教师处理幼儿同伴冲突时的角色定位［J］.家教世界，2014（Z2）：18-19.

［7］邹胜菊.教师介入幼儿冲突的案例分析：基于电影《小人国》的感想［J］.早期教育（教科研版），2014（Z1）：65-70.

［8］王菲.巧解幼儿冲突 建立良好同伴关系［J］.早期教育（教师版），2013（12）：45.

［9］潘虹.孩子发生冲突，教师不妨等等［J］.幼儿100（教师版），2013（10）：30-31.

［10］周红.幼儿同伴冲突事件的家园沟通策略：基于共情理论的视角［J］.幼儿教育（教育科学），2013（25）：41-42.

［11］刘海红.通过纠纷处理培养幼儿的社会性：对日本幼儿园教师的访谈研究［J］.幼儿教育（教育科学），2012（Z6）：88-91.

［12］秦洪蕾，胥兴春.教师介入幼儿同伴冲突价值、时机及策略［J］.幼儿教育（教育科学），2012（18）：18-21.

［13］罗燕.角色扮演VS同伴冲突［J］.幼儿教育（父母孩子），2012（14）：16-17.

［14］章珍.如何正确干预幼儿同伴冲突——一个案例引发的思考［J］.教育导刊（下半月），2012（3）：26-29.

［15］胥兴春.幼儿人际冲突的问题解决模式［J］.当代学前教育，2011（3）：31-33.

［16］岳训涛.幼儿教师公平公正解决幼儿纠纷的方法与策略［J］.科学教育，2011（3）：88-89.

［17］吴小平，袁爱玲.幼儿同伴冲突中教师的"无为"与"有为"［J］.教育导刊（下半月），2011（1）：76-77.

［18］郑三元.幼儿行为教育：从道德逻辑到心理逻辑［J］.教育导刊（幼儿教育），

2009（10）：31-32.

[19] 付丽丽，李国强. 幼儿同伴冲突的行为表现及对策［J］. 呼伦贝尔学院学报，2009（6）：91-94.

[20] 宋晟. 浅谈如何利用争吵行为促进幼儿社会性发展［J］. 科教文汇（下旬刊），2008（10）：38，43.

[21] 常娟娟. 幼儿冲突及其解决对策［J］. 教育导刊（幼儿教育），2008（6）：24-25.

[22] 陈倾玲. 幼儿在争吵中发展的案例分析［J］. 广西教育，2008（7）：36-37.

[23] 王练. 论幼儿同伴冲突及教育［J］. 中华女子学院学报，2008（3）：91-94.

[24] 王练. 幼儿园教师解决幼儿冲突的角色分析与思考［J］. 幼儿教育（教育科学版），2007（11）：16-19.

[25] 刘占兰. 重塑专业自我，做专业化幼儿教师［J］. 学前教育研究，2007（Z1）：85-88.

[26] 秦春娅. 幼儿争吵中的启示［J］. 学前课程研究，2007（4）：20-21.

[27] 蒋秋芳. 教师介入幼儿同伴冲突案例探析［J］. 幼教园地，2007（Z3）：11-12.

[28] 胥兴春. 幼儿人际冲突及其应对策略［J］. 幼儿教育，2006（5）：6-7.

[29] 方慧. 在孩子之间的冲突中寻找教育契机［J］. 教育导刊（幼儿教育），2006（3）：50-51.

[30] 叶青. 提升孩子美德的冲突处理6步骤［J］. 父母必读，2005（2）：38-40.

[31] 蒲雯，严仲连. 儿童世界的冲突及冲突中的儿童［J］. 高教论坛，2005（1）：70-72.

[32] 欧阳新梅. 幼儿打架之后［J］. 幼儿教育，2002（2）：20-21.

[33] 周长秋. 如何看待幼儿间的争吵现象［J］. 幼儿教育，2000（2）：8-9.

[34] 孙华平，张文新. 儿童之间的冲突行为及其心理价值［J］. 聊城师范学院学报（哲学社会科学版），1995（4）：124-128.

[35] 叶飞. 面对幼儿冲突，教师做什么（下）［N］. 中国教师报：幼儿教育周刊，

2011-06-29（008）.

［36］薛媛媛.中班幼儿同伴冲突研究：以区域活动为观察场域［D］.长春：东北师范大学，2014.

［37］霍延丹.幼儿同伴冲突中教师干预行为研究：以鞍山市 M 幼儿园为例［D］.鞍山：鞍山师范学院，2014.

［38］赵艳.角色游戏中幼儿冲突行为的研究［D］.南京：南京师范大学，2012.

［39］田崔迪.大班幼儿同伴冲突研究［D］.保定：河北大学，2010.

［40］吴晗睿.幼儿教师对幼儿冲突的干预行为研究：基于对山东省微山县机关幼儿园的调查［D］.北京：中央民族大学，2009.

［41］仵金红.幼儿同伴冲突中教师教育行为研究：以重庆市北碚区 X 园为个案［D］.重庆：西南大学，2008.

［42］王芳.大班幼儿同伴冲突干预研究：以 ICPS 训练为干预模式［D］.开封：河南大学，2007.

［43］李丽君.幼儿同伴冲突的教育价值及对策初探［D］.重庆：西南大学，2002.

［44］刘晓静.幼儿同伴冲突行为研究［D］.南京：南京师范大学，2002.

第五章　应对幼儿不良情绪的技巧

应对幼儿的不良情绪是指教师在幼儿处于焦虑、紧张、难过、悲伤、恐惧、愤怒、郁闷等不良情绪状态时，给予幼儿安慰、爱抚等，以帮助其尽早走出不良情绪状态。消极情绪会给幼儿的生活状态、学习状态造成消极影响，甚至会影响幼儿的身心健康，因此，当幼儿出现消极情绪时，教师要主动给予安抚，而且要有效地抚慰幼儿，平息或缓解他们的不良情绪，促进他们的健康成长。

一、应对幼儿不良情绪的条件

应对幼儿的不良情绪应该遵照以下基本原则来进行。

（一）无条件接受原则

情绪没有对与错，只要发生了，就都是合理的。幼儿出现愤怒、惧怕、恐惧、悲伤、焦虑、担心、郁闷等情绪都有其合理的内外因，都是可以理解和接受的，因此，对幼儿的不良情绪不应该谴责、指责、批评、埋怨。接受的态度可让幼儿的不良情绪得到缓解，而不至因为出现不良情绪而自责。当幼儿出现愤怒、惧怕、恐惧等不良情绪时，教师不要对幼儿说"你没有理由愤怒""你不应该感到惧怕"，等等，以免增加幼儿的心理负担。

（二）宜疏不宜堵原则

当幼儿出现不良情绪时，总会自觉或不自觉地以一定的形式（如表情、语言、行为等）表现出来，哭闹、发脾气、搞破坏、骂人、打人等，就是幼儿不良情绪的外在表现形式。如果幼儿因情绪不良而出现的行为不会伤害到别人，不会严重损坏物品，那么教师不应该禁止，反而应该鼓励。因为幼儿通过适当的方式来表露其内在的不良情绪，对舒缓其因情绪不良而引发内心紧张具有积极的意义。比如，我们不应该对因心里难过而大哭不已的小男孩说：" 男子汉也哭，羞！羞！！羞！！！" "男子汉要坚强，不许哭！"在这种外在的压力下，许多小男孩都采取了"明智"的做法——忍气吞声，但这种忍气吞声无疑会增加孩子的心理负担，给他带来双重的痛苦。当幼儿因难过而哭泣时，教师应该对幼儿说："我知道你很难过。心里难过，就哭出来吧。"教师绝对不可以跟幼儿说："不许哭。""不许发脾气。""不许大喊大叫。""不许生气。"因为这种"堵"并不能解决幼儿的不良情绪问题，反而会让其不良情绪更加严重，甚至会伤害其身心健康。因为人的心理结构中有一座"情绪水库"，专门收集不良情绪产生的负能量，负能量超过警戒线时，个体就会烦躁不安。如果这时还不做调节性的泄洪工作，负能量继续累积下去，个体就会出现更为严重的心理行为问题。因此，解决问题的方法就是将"情绪水库"内的水放掉，让水位保持在安全水位之下，这样，幼儿才不会出现焦虑、过度运动、缺乏理性思维能力、反社会行为、情感爆发、攻击性行为等心理行为问题。

案例5-1 我不喜欢爱哭的男孩

虞老师忙于排练节目。晓东觉得受了委屈，不停地抽泣。虞老师对晓东说："我不喜欢爱哭的男孩。"晓东愣了一下，又抽噎起来。虞老师干脆说："你要哭，自己到一边哭去！"晓东只好边哭边走开。

晓东心里已经够难受了，虞老师不理他，还不喜欢他哭，晓东感到更委屈、更难受了。

不少幼儿因为害怕失去老师或父母的爱而无条件地克制自己，让怒气和不满、委屈和伤心不在老师或父母面前表现出来，这是有害的。我经常听见老师或家长赞赏孩子："他（她）没有脾气！"一个成人没有脾气似乎是求之不得的好性格，但是一个孩子"没有脾气"可能意味着，这个孩子为了迎合老师或父母而压抑着自己的焦虑、不安情绪。

（三）换位思考原则

当幼儿出现不良情绪时，教师要运用换位思考策略，想幼儿所想，理解、体谅幼儿的情绪状态，给幼儿更多心理上的支持。教师应该目光温和地看着幼儿说："××，我知道你……""××，你……我能理解。"如："齐羽抢走了你的积木，我知道你很生气"。"其他小朋友都走了，妈妈还没有来接你，你很想妈妈，我能理解。"这样，幼儿会感觉到老师是理解和体谅他的，对缓解幼儿因情绪不良而造成的内心紧张有积极的意义。

（四）示范性原则

幼儿的情绪具有不稳定性，因而比较容易转换，也比较容易受到感染。因此，在应对幼儿的不良情绪时，教师要一直以积极情绪带动幼儿的不良情绪向积极的方向发展。不要用自己的不良情绪去应对幼儿的不良情绪，否则，将会使幼儿的情绪更加糟糕。

良好的情绪榜样，既可以来自教师，也可以来自幼儿的同伴。有时候，幼儿同伴的情绪榜样力量比教师的榜样作用更大。

案例 5-2 国内与国外教师关注点的不同

有一天，懿惠入园时哭了，原因是看到很多孩子哭个不停，她的情绪受到了感染。老师和懿惠妈妈交流，问到国外教师在孩子们初入园时是如何做的时候，妈妈说："老师会多接近那些不哭的、开心玩耍的孩子，以此来带动那些总是哭闹的孩子。"

中国的教师总是忙着安慰、照顾那些哭闹不止的孩子，被他们缠着不放，而那些勇敢的、不哭不闹的孩子无形中却被忽视了。这样做的后果就是不哭的孩子向哭的孩子看齐，孩子哭闹的时间会更长。

（五）尊重性原则

对幼儿表现出来的不良情绪，教师都应该尊重，不可以取笑，不可以藐视，不可以指责，更不可以贬损幼儿。因为情绪的出现是一件很自然的事情，没有对与错，没有好与坏。幼儿的情绪，特别是不良情绪应该得到特别的尊重。幼儿的不良情绪得不到尊重，将会导致幼儿在教师面前只能压抑自己的不良情绪，而不是通过适宜的方式表现出来或者宣泄出来，这会给幼儿的身心健康造成不良影响。

（六）及时性原则

教师发现幼儿的不良情绪后要及时地给予有效的回应。及时回应幼儿的不良情绪有利于将幼儿带出不良情绪状态，同时，还可以在人文关怀方面为幼儿树立一个良好的榜样。当前教师对幼儿的情绪和情感抱冷漠态度或任其自然的情况相当普遍。如，有的教师对初入园的孩子哭泣不能给予重视，认为"孩子都会哭的，几星期之后自然就不哭了"，因而听之任之，不加抚慰，不给予安慰，只等自然结果，让幼儿觉得老师没有爱心，没有人情味，这将阻碍后续良好师幼互动关系的建立。

二、应对幼儿不良情绪的程序与技巧

教师应对幼儿的不良情绪应该遵照如下程序与要求。

（一）发现幼儿的不良情绪

幼儿的情绪往往具有外露性，因此教师可以通过幼儿的外部行为表现来观察了解幼儿的不良情绪状态。

1. 幼儿恐惧情绪的表现

当幼儿内心恐惧时，往往会表现为：脸色苍白，眼神警觉，嘴唇紧闭，身体僵硬。

2. 幼儿气愤情绪的表现

当幼儿气愤时，往往会表现为：脸色涨红，瞪大眼睛，表情紧张，紧握拳头，咬紧下唇，声音刺耳或声调高，动作幅度大。

3. 幼儿伤心情绪的表现

当幼儿感到伤心时，往往会表现为：双眉不展，哭泣，流泪，没精打采，注意力不集中，嘴角向下弯，欲哭又止。

4. 幼儿不安的表现

当幼儿内心充满不安时，往往会表现为：不出声，独来独往，不想上幼儿园，喜欢模仿别人，避免参加竞技性游戏，不愿与别人目光对视，吮手指，吮被角，吮衣角，咬指甲。

5. 幼儿焦虑情绪的表现

当幼儿内心焦虑时，往往会表现为：皱眉，脸色苍白，紧闭嘴唇，动作急促，注意力难以集中。

6. 幼儿抑郁情绪的表现

当幼儿内心抑郁时，往往会表现为：烦躁不安（感觉不适）或者冷漠，长时间没有体验快乐的能力或者缺乏快感，停止与别人接触，睡眠不安特别是早醒，思想迟钝，缺乏专注力，时常莫名其妙地哭叫。

另外，我们还可以通过一些测试来了解幼儿的不良情绪水平。

材料 5-1 幼儿紧张度焦虑度测验

霍尔姆斯等人经过实验研究，设计出一种可测量成人的紧张、焦虑程度的测验。此后，米勒修订了霍尔姆斯的量表，使之适用于幼儿（参见下页表）。米勒指出，运用这个测验，算出孩子的总分之后，你会惊奇地发现，一个普通的孩子，要达到 300 分以上严重紧张、焦虑状态的潜在可能性是很大的。

这是因为，幼儿生活中的变化比成人更快更多，每天在幼儿园里待上6~8个小时这一因素，就能使幼儿的紧张感增加；幼儿社会生活的变迁亦可增加其焦虑感；此外，幼儿日常生活中用于体育活动的时间比例较高，也容易出现身体的损伤，从而产生紧张和焦虑。

事件	紧张分值
父母死亡	100
父母离婚	73
父母分居	65
父母入狱	63
亲密的家庭成员死亡	63
自己受伤或生病	53
父母再婚	50
停学	47
父母重归于好	45
父母或兄弟姐妹生病	44
母亲怀孕	40
转入新幼儿园或新班级	39
家庭中出现经济问题	38
朋友死亡或因搬家而离开好友	37
与父母的争吵增加	35
兄弟姐妹出去上学	29
家庭中与祖父母的争吵	29
得到学校的奖励	28
母亲就业或失业	26
开始上学	26
家庭生活标准的变化	25

续表

事件	紧张分值
个人习惯的改变（如就寝时间、家务任务等）	24
与父母缺乏交流或敌视	23
幼儿园作息时间改变	20
搬家	20
新的运动项目、新的爱好	19
社交活动的变化（新朋友、失去旧友、同伴压力等）	18
睡眠习惯的改变（推迟入睡时间、放弃午休等）	16
家庭聚会次数的变化	15
饮食习惯改变（开始或停止忌食，家庭烹调方式改变）	15
过年	13
违反家庭、幼儿园等的规则	11

【摘自：王坚红，周欣. 幼儿的世界：幼儿身心发展的奥秘［M］. 北京：华夏出版社，1994：148-150.】

教师和家长可以根据幼儿的紧张、焦虑程度给予其相应的教育。

材料 5-2　孩子腼腆测验

"腼腆"是一种人格特质，有些人的这种人格特质是与生俱来的，有些人则是受到后天影响所致。其实在孩子的成长过程中腼腆是可以改变的。腼腆的孩子退缩、不够主动，会使同伴误以为其不友善、不易与人相处，导致其社交能力不佳，人际关系也不好，较严重的甚至被同伴排斥，无法融入集体生活中。对于所有孩子来说，交往能力差都与惶恐和缺乏自信心有关。如果孩子在早期就显得很腼腆，那么在孩子4—6岁时，腼腆就可能成为他们的性格特点。

以下是孩子腼腆测验的题目。

1. 不敢见生人?
2. 见到熟人也会感到局促不安?
3. 不敢回答大人的问话?
4. 说话时常吞吞吐吐?
5. 总是习惯性驼背?
6. 想淘气时又显得很胆小?
7. 一向低着头?
8. 害怕别人不喜欢自己?
9. 举止很拘谨?
10. 不敢与他人目光接触?
11. 在同龄人中不受欢迎?
12. 喜欢独来独往?
13. 常揪着衣襟?
14. 常常受到小朋友戏弄?
15. 经常是其他孩子挑衅的对象?
16. 从不大声哭叫?
17. 害怕时,不是仓皇而逃,而是呆立在原地不动?
18. 很少干大人不让干的事?
19. 常摸自己的脸或头发?
20. 是个感情不外露的孩子?

计分:回答"是",计1分;回答"否",计0分。

说明:

得分在5分以下的孩子不存在腼腆个性。

得分在6~12分的孩子存在一定的腼腆个性。

得分在13分以上的孩子腼腆个性十分严重。

【摘自：袁宗金.宝贝的心理魔法书［M］.北京：中国纺织出版社，2012：245-246.】

腼腆是幼儿情绪发展不良的一种表现，如果幼儿过分腼腆，则应引起教师和家长的重视。

（二）了解幼儿产生不良情绪的原因

需要和认知是情绪产生的基础，幼儿的不良情绪也是以需要和认知为基础的。因此，教师应该从需要和认知两个角度去探讨幼儿不良情绪产生的原因。

1. 需要未得到适当的满足

一般幼儿的不良情绪都与其需要得不到适当的满足有关。比如，幼儿的愤怒往往是其愿望得不到满足，实现愿望的行为一再受到阻挠引起的紧张积累而产生的情绪体验；幼儿的恐惧情绪往往是幼儿由于缺乏准备，不能处理、驾驭或摆脱某种危险情境而产生的情绪体验；幼儿的悲哀情绪往往是幼儿由于失去所热爱的事物或愿望破灭而产生的情绪体验；幼儿的害羞情绪是幼儿对自己外部或心里的缺点被暴露的恐惧；幼儿的焦虑情绪往往是幼儿由于不能达到目标或不能克服障碍，致使自尊心受挫或使失败感和内疚感增强，从而形成的紧张不安、恐惧的情绪。

因此，要想有效地应对幼儿的不良情绪，教师就要研究其背后的需要及其所起的作用。

案例5-3　妈妈，我要妈妈

利莉比较内向，不知怎么的，最近她在幼儿园里总是哭喊着："妈妈，我要妈妈，妈妈来接我啊！"那天早上，她终于肯跟着小朋友一起出去玩滑滑梯了，老师们都很高兴。由于早晨的时间太短了，还没有轮到利莉玩就得回活动室了。谁知一回到活动室，利莉就哭了起来："妈妈，我要妈妈……"赵老师不停地哄她:"利莉不要哭了,我给妈妈打电话,妈妈一会儿就来接你了。"还是没有什么效果。这时,韦老师走到利莉身边,抱着她说:"利莉,你是不是想去滑滑梯呀?老师带你去吧。"没想到她破涕为笑了。

上述案例告诉我们,幼儿有时是口是心非的。比如,幼儿嘴上说"我想妈妈,我要妈妈",而事实是他们的需要和愿望在幼儿园里得不到积极的回应,才表现出对妈妈的思念。如果教师不了解幼儿情绪背后的真实原因,在应对幼儿不良情绪时就很难取得良好的效果。

2. 错误认识导致不良情绪

幼儿的不良情绪与其对相关事物的认识有很大的关系。比如,幼儿对幼儿园和教师心存恐惧,原因在于幼儿入园前,其家人时常以幼儿园和教师来吓唬幼儿;幼儿不喜欢跟小伙伴玩,可能是因为他有受到小伙伴欺负的痛苦经历;有的幼儿受到老师批评后就不想上幼儿园了,或许是因为他认为老师批评他就是不喜欢他,等等。

案例 5-4 我以为妈妈不爱我了

傅强有一段时间非常顽皮,每天都故意把房间里的各种东西扔到地上,而且动不动就发脾气。有一天,妈妈见他又"犯病"了,就走过去问他:"傅强,你在干什么?为什么老是把房间弄得这么乱?"傅强听了妈妈的话,并没有马上停下来,反而当着妈妈的面把桌上的一本书扔到了地上。"你这是干什么?!快捡起来。"妈妈指着地上的书说。傅强回答:"偏不捡。"妈妈有点生气地质问他:"你怎么这么不听话?"傅强毫不犹豫地回答:"我就是不听话。"妈妈听傅强这么说,没有再说什么,扭头就走了。

妈妈走后,傅强更加肆无忌惮,一会儿在房间里尖叫,一会儿又乱扔东西。妈妈极力控制自己的愤怒,告诉自己不要发火。过了一会儿,傅强的吵闹声停下来了,随之而来的是伤心的哭泣。

这时,妈妈走进房间,温柔地对傅强说:"怎么啦,傅强,有什么不高兴的事吗?"

傅强没有回答,只顾伤心地哭着。看到他那伤心的样子,妈妈忍不住心生怜爱,把他从地上抱了起来。

"我一直认为你是个乖孩子,所以你乱扔东西时我没有骂你。我想你一定是遇到了什么不顺心的事,告诉妈妈好吗?也许我还能帮你呢。"

妈妈说了这些话之后,傅强的心情似乎好了不少,但仍在哭泣。

妈妈又温和地说:"好了,别哭了,有什么事情不能解决呢?你是个聪明的孩子,再加上妈妈帮你,我想什么问题都能解决。"傅强突然扑到妈妈的怀里放声大哭起来,说:"妈妈,我觉得自己好孤独啊?"妈妈问:"怎么会呢?妈妈不是天天和你在一起吗?"傅强说:"可是,你总是不搭理我,整天就知道在书房里写字,你一点都不在乎我,你不爱我了。"

妈妈说:"傅强,你可不要那么想。妈妈最在乎、最爱的就是你。等妈妈忙完这一段时间,一定要好好陪你玩。不过,你也要理解妈妈呀!我相信你是一个懂事的孩子,妈妈必须工作,你一定会理解妈妈的。对吗?"

自从妈妈让傅强知道自己仍然爱他后,傅强就再也没有故意捣乱过了,有时候,妈妈在工作间隙会去他的房间看一看。他会对妈妈说:"妈妈,你去忙你的吧。没关系,我自己知道怎么玩。"

傅强为什么不快乐?为什么动不动就发脾气?原因在于他误认为妈妈忙得没时间理他就是不爱他了。后来妈妈明确表示傅强是妈妈心中的最爱,傅强的情绪就恢复正常,焦虑感也消失了。

这个案例也给幼儿教师一个启示:如果幼儿对老师有误会,一定要及时消除,这样,才能有效地让幼儿从情绪困境中走出来。

(三)选择适宜的应对幼儿不良情绪的方法

应对幼儿的不良情绪主要有转移注意力法、情绪认同法、反射情绪法、允许申辩法、共同遭遇者法、不理睬法、情绪宣泄法等七种方法。它们各有适应范围，应该根据幼儿不良情绪的特点和幼儿的特点来选择适宜的方法。

1. 转移注意力法的使用技巧

当幼儿出现消极情绪时，教师可以采取转移注意力的策略，让幼儿将注意力从引起其伤心的对象转向其他对象，特别是转移到能给其带来快乐的对象上，这样能让幼儿很快地走出不良情绪状态。

幼儿的情绪具有不稳定性，不同性质的情绪容易互相转换；幼儿的注意力也具有易转移性；幼儿记忆力的稳定性较差。教师可以利用幼儿的这些特点，用新鲜的刺激转移幼儿的注意力，使其停止哭闹、发脾气等，开始正常的幼儿园生活，如：当幼儿（特别是小班刚入园的幼儿）因为想念亲人而哭闹时，教师就可采用转移注意力的办法（如提供新鲜的玩具、带幼儿逛幼儿园、给幼儿讲故事、给幼儿户外玩游戏的机会等）使其停止哭闹。

案例 5-5　女孩终于笑了

一女孩走出活动室，恰好一个小男孩往里跑，把女孩撞倒在地上，女孩忍不住大哭起来。老师忙对女孩说："哎呀，他是不小心撞到你了。"接着老师转向小男孩问："怎么办呢？"小男孩说："对不起，我不是故意的。"此时女孩想哭又忍住了。老师对女孩说："脸被泪水弄脏了，来，老师用手帕替你擦擦。"老师帮女孩擦干净脸，整理好衣服后，说："让老师看看，哟，真漂亮。"女孩微微一笑。

老师一直在努力将女孩从被撞倒的伤心事中引开：引导男孩道歉；帮女孩擦眼泪，整理衣服，夸她漂亮，进而让其转哭为笑。

为了更好地发挥转移注意力法在应对幼儿消极情绪中的作用，教师应注意如下四点。

（1）明确转移注意力法的适用情况。

转移注意力法对消除幼儿因偶发事件而导致伤心、愤怒等情绪的效果比较明显，而对消除幼儿的不满、委屈、焦虑等情绪的效果不明显。另外，转移注意力法只能给幼儿带来暂时的忘却，并不能从根本上消除幼儿持续的忧伤、不安等消极情绪。

（2）诱导物要有吸引力。

用来转移幼儿注意力的诱导物要有吸引力。采用转移注意力法能否成功，关键在于幼儿对诱导物是否有兴趣。因此，在选择诱导物时，应首先思考该幼儿最喜欢什么事物，然后根据幼儿园的资源，选择适当的事物来转移幼儿的注意力。诱导物，可以是物，也可以是活动；可以是幼儿亲自做的事，也可以是观望别人做的事；数量上可以是一个，也可以是多个。

案例 5-6　乐乐不再为输而难过

容老师带孩子们玩"滚地雷"的游戏。在第一批孩子中容老师请了乐乐。乐乐是非常喜欢这个游戏的，可惜的是第一个回合乐乐就输了，他急得要哭出来了。

这时，容老师笑着对乐乐说："乐乐，你最爱讲故事了，待会儿游戏结束了，老师就请你给小朋友们讲个故事好吗？"乐乐使劲地点点头。

游戏结束后，容老师看到乐乐正绘声绘色地给小朋友们讲故事。这时，容老师高兴极了，因为乐乐不再为"输"生气了，她的转移注意力法效果真不错。

在上述案例中，容老师用乐乐最喜欢的活动——讲故事来转移他因输了游戏而产生的不愉快情绪。

案例 5-7　激光手枪可止哭

在户外自由活动时，马志标跑得太快，不小心重重地摔了一跤。由于过分疼痛他大哭起来。何老师走过去轻轻地为他擦干眼泪，并附在他耳边神秘地说："老师有一样你非常喜欢的东西，我们去看看好吗？"马志标止住了哭泣，好奇地跟着何老师来到玩具架旁。何老师取下一个盒子说："你喜欢玩什么?""激光手枪!"马志标毫不犹豫地回答道。何老师打开盒子,拿出一把红色的激光手枪。马志标拿着激光手枪笑了。

何老师十分了解马志标的"最爱",因此,她利用马志标的"最爱"来做诱导物轻而易举地转移了他的注意力,使其消极情绪很快转变为积极情绪。

(3)灵活调整。

在转移幼儿注意力的过程中,教师要注意观察幼儿的情绪变化,并根据具体情况对转移注意力的计划进行调整:一个诱导物不能解决问题,就采用多个诱导物;这个诱导物没有效果,就换那个诱导物。

研究表明,能让幼儿活动起来的诱导物比不能让幼儿活动起来的诱导物具有更强的转移注意力的作用;离开事发情境进行诱导比在事发情境中诱导的效果好;将转移注意力法与其他方法有机结合使用会使效果更加明显。如案例5-8中,方老师边用语言转移万丽的注意力,边给万丽"擦眼泪"就收到了较好的安抚效果——其实,帮万丽"擦眼泪"不仅是安抚其不良情绪的一种方式,也是转移其注意力的一种方式。

案例5-8 游戏让幼儿从哭泣到开心地笑

万丽是个性格比较内向的小朋友,早上来幼儿园时拽着奶奶的衣服不肯松手,并且哭着叫奶奶早点来接。方老师一边抱过万丽一边安慰她说:"万丽是个乖孩子,奶奶早点来接。"方老师边给孩子擦眼泪边问她:"万丽,你最喜欢玩什么呀?方老师陪你玩好不好?"万丽还在伤心地抽泣。方老师急忙伸出小拇指,对万丽说:"咱们玩个拉钩的游戏好不好?"说着方老师钩住万丽的小拇指,边拉边说:"拉钩上吊,不准哭,一百年,不许变。"万丽的哭声很快便停住了。

这时又跑来好几个小朋友要跟方老师一起玩拉钩的游戏,方老师一个接一个地满足了孩子们的要求,然后一起迎接其他小朋友。这一天万丽过得特别开心。像万丽这样每天早上哭着来园的孩子还不少呢。每天方老师都是笑脸迎接每一个幼儿，带他们做做游戏、听听故事，转移孩子们的注意力，使他们尽快适应幼儿园生活。

（4）转移注意力法必须与其他方法配合使用。

单纯的转移注意力法是一种忽略甚至否认幼儿内心感受的做法，同时，它为幼儿建立了一个压抑愤怒、恐惧、郁闷和忧愁的处理消极情绪的模型，这有可能会影响幼儿一生对待消极情绪的态度和行为习惯。因此转移注意力法必须跟其他方法配合使用，以免对幼儿的心理造成消极影响。

案例 5-9　分散注意力不是回应幼儿不良情绪的最有效办法

徐煜为妈妈即将离开而感到伤心。他大声地哭喊，想要跑过去抓住妈妈，但被彭老师中途抱住。彭老师将他举向空中，高兴地大声说："听一听我们今天要做什么奇妙的事情。"接下来彭老师开始列举今天的活动，但是徐煜的哭叫声比彭老师的说话声还要大。于是彭老师抱着徐煜晃来晃去，很神秘地对他说："今天，老师这儿有个很特别的东西给你玩。"彭老师明白她已经吸引了徐煜的注意力，便继续做夸张的表演，将徐煜举向空中，直到到达橱柜。彭老师缓慢地打开橱柜，找出一根羽毛，用羽毛刮徐煜的鼻子使他发痒。这时，徐煜的妈妈偷偷地离开了。

经过彭老师如此折腾后，徐煜或许花上一段时间才能记起他刚才为何烦恼，或者他根本记不起来。但是，一切表明彭老师在哄骗徐煜，否认他的情绪，这样造成的后果是，徐煜的安全感、力量的获得感及自尊心都会受到危害。

正确的做法如下。

徐煜大声地哭喊，想要跑过去抓住正要走出门口的妈妈。教师蹲下身子与徐煜保持在同一个高度，抱住他，阻止他的行动。徐煜继续哭喊，教师温柔地对他说："我知道你不想妈妈离开。"妈妈给了徐煜一个飞吻，再次说"再见",走出了教室。徐煜哭得极其伤心,教师说:"你真的很难过!"她放开徐煜,轻轻地抚摸着徐煜的前额。徐煜跑向窗户。教师说:"好主意,再和妈妈挥挥手。"当徐煜看见妈妈钻进车内时,他疯狂地挥动着自己的小手,然后跌坐在地板上。教师仍然和他靠得很近,说:"刚才你真的很生气。"徐煜的感受,似乎更能安慰他。

徐煜从地板上站起来,教师平静地带他到附近的桌子上去研究他平时最喜欢玩的橡皮泥。没过多长时间,徐煜就沉浸在玩橡皮泥的乐趣当中。

2. 情绪认同法的使用技巧

情绪认同是指让幼儿知道老师明白他的感受,让他知道老师理解他、支持他。当幼儿出现消极情绪时,教师可以利用情绪认同法来抚慰幼儿的不良情绪,即当幼儿出现消极情绪时,教师承认并接受幼儿真实的情绪反应与表达,而不是否定。如,看到幼儿伤心流泪,教师可以这样跟幼儿说:"我知道你现在很伤心。""看得出来你很伤心。""……这让你很伤心。"教师不应该对幼儿说:"没什么好伤心的,不就是……吗?"教师否定幼儿的伤心体验会让幼儿更伤心。

为了更好地发挥情绪认同法在应对幼儿不良情绪中的作用,教师应注意如下五点。

(1)明确情绪认同法的适用情况。

情绪认同法对缓解甚至消除幼儿因偶发事件而产生伤心、不满、委屈、愤怒等情绪的效果比较明显。情绪认同法不宜用于缓解幼儿的忧郁、焦虑等不良情绪,因为教师的"认同"可能会助长幼儿这一类具有弥漫性的不良情绪,使其更加持久。

(2)准确判断幼儿的情绪。

只有准确判断幼儿的情绪,才能对其不良情绪进行准确的认同;否则,幼儿内心委屈,我们却误认为他伤心了,就有可能在进行情绪认同时出现"牛头不对马嘴"的情况,使幼儿感到莫名其妙,这对消除其不良情绪没有一点积极的作用。

（3）平静地面对幼儿情绪的自然流露。

无论幼儿出现什么样的情绪及行为，教师都应该以平静的心态应对，而不应该跟着幼儿一起激动，否则，将进一步激化幼儿的不良情绪。

（4）用肢体语言给幼儿以适当的安抚。

在向幼儿表达"我知道你……""我能体谅你……""……真让你……"的同时，用温暖的眼神看着孩子的眼睛，给幼儿擦眼泪或者给幼儿一个拥抱，或者轻轻抚摩他的脸，这样有利于幼儿更快地"消气"或者从其他消极情绪中走出来。

（5）表达你在同类事情上的经验和同感。

在认同幼儿情绪的基础上，教师还可对幼儿说："我小时候也遇到过……那时我也……"，这也是一种对幼儿不良情绪的认同方式，这种方式可以强化幼儿产生相应情绪的"正当性"和"合理性"，可以减轻幼儿因发生不良情绪而产生的内心压力。

材料 5-3　测一测你的情绪认同反应

你是 A 老师，还是 B 老师？

- 有的幼儿打针哭了。

A：打针又不痛，哭什么哭？！

B：小时候打针，我也哭过，打针哭一下没有关系的。

- 杨小虎打了从他手里抢走积木的潘小河。

A：我看见你打潘小河，我很生气。

B：潘小河抢了你的书，你很生气。

- 幼儿不停地说："我想妈妈，我想妈妈！"

A：没什么好想的，妈妈很快就会来接你。
B：我知道，你心里想妈妈。你过来，老师抱抱你。

- 幼儿很担心小威会再打他。
A：不要担心，有老师在！
B：可以看出你现在真的很担心。

- 黄威因抢别人正在玩的积塑材料被老师批评而生气。
A：明明是你不对，有什么好生气的？！
B：我知道你很想玩那些积塑材料。

- 幼儿说："我不喜欢吃芹菜。"
A：不，你应该喜欢它，芹菜很有营养的。
B：你是不喜欢芹菜的味道，还是不喜欢它的……？

- 我一点儿都不喜欢周小军。
A：不，你应该喜欢每一个小朋友。
B：你不喜欢他什么地方呢？

- "老师，他拿我的玩具。"孩子说完又拉拉老师的手。
A：他比你小，你应该让着他。
B：我知道，别人拿走你的玩具容易让你生气。

- 农树帆的小鸭死了。
A方式：
孩子（眼泪汪汪的）：我的小鸭死了，早上还活着呢。
老师：别那么伤心，孩子。别哭，不就是只小鸭嘛。

孩子（大哭起来）：哇！哇！

老师：别哭了，我再给你买一只。

孩子（哭得更厉害）：不嘛，我就要这只！

老师：你怎么这么不讲道理呢？

B方式：

孩子（眼泪汪汪的）：我的小鸭死了，早上还活着呢！

老师：噢，太糟糕了。真没想到。

孩子（自己擦了擦眼泪）：它是我的好朋友。

老师：失去朋友是令人伤心呀！

孩子（擦干了眼泪）：它最听我的话！

老师：你们一起玩得很高兴。

孩子（变得精神起来）：我每天都喂它……

老师：你真的很喜欢它。

- 妈妈离开了，韦强伤心地大哭。

A：不许哭！

B：对于妈妈的离开，你真的感到伤心。

- 阮小伟从三轮车上跌落下来后坐在地上放声大哭。

A：不就是从车上掉下来吗？男子汉哭什么哭？！

B：从三轮车上跌下来有点痛是吗？

- 宗毅不喜欢老师说的话，还生气地瞪着老师。

A：你竟敢用眼睛瞪我，还不听我的话！！

B：我知道你对我很生气，我知道你不喜欢听我说的那些话。

- 面对哭丧着脸的幼儿。

A：别哭丧着脸！

B：你是不是很难过？可不可以告诉老师为什么？

- 面对打别人的幼儿。

A：你为什么又打别人？

B：我记得我在你这么大的时候，别的小朋友抢我的……那时我也很生气。

- 面对打别人且很愤怒的幼儿。

A：你为什么又打别人？

B：你是不是很生气？可不可以告诉老师发生了什么事？

3. 反射情绪法的使用技巧

当幼儿感到委屈或被误会而向教师表达相应的感受时，教师可用幼儿的原话表示自己对幼儿的理解。这种方法，在心理学上称作反射情绪法。例如，在康老师来接班后，董明理一直不高兴，康老师就问董明理出了什么事，董明理回答说："今天上午，明明不是我没关水龙头，可是曲老师硬说是我没关，真气人！"这时，康老师接过董明理的话说："明明不是你没关水龙头，曲老师硬说是你没关，是气人！"董明理觉得康老师是站在自己一边的，气也就慢慢地消了。相反，如果康老师知道董明理在曲老师那里受到了委屈，不但不同情还一个劲地追问——"你为什么不跟曲老师说清楚？！你怎么这么蠢？！"，这种追问和责备不仅不能让董明理消气，反而会火上浇油，使他感到更加不满和委屈，其负性情绪的能量成倍地增长，更不利于其身心健康。

反射情绪法有两种形式：一是用幼儿的原话把他的情感反射出来，上述案例中康老师使用的就是这种形式的反射情绪法；二是用幼儿心里潜在的话来反射幼儿的情绪。

案例 5-10 心里潜在的话

骆磊向李老师诉苦："刚才我在秋千那里等了很久,蒋海就是不愿意下来让我玩一下。"李老师用温和的眼光看着骆磊说:"是啊,让你等了那么久,都不让你玩一下,你心里一定不好受!"

李老师不是重复骆磊的原话,而是把骆磊心里潜在的话说出来,使骆磊抑郁的情绪得到了一定程度的宣泄,这样骆磊的情绪便会趋向平静。

为了更好地发挥反射情绪法在应对幼儿不良情绪中的作用,教师应注意如下六点。

(1)明确反射情绪法的适用情况。

反射情绪法只适用于消除幼儿因被冤枉或误解而产生的委屈情绪,不适用于其他负性情绪的消除。

(2)认真倾听幼儿的诉说。

当幼儿来向教师诉说委屈时,教师要认真地倾听,这样才能了解幼儿委屈之所在,随后才能准确地向幼儿进行情绪反射。

(3)教师内心平静,外表平和。

当幼儿向教师激动地诉说他所受的委屈或遭到某位老师的误会时,教师不要跟幼儿一起激动,要心平气和地、静静地听幼儿诉说,这是给幼儿做情绪示范,无论何时发生何事都要心平气和。

在使用反射情绪法的过程中,重复反映幼儿情绪及其原因的原话或说出潜在的能反映幼儿情绪及其原因的话时,教师也应该表现得心平气和。

(4)不对相关的人和事进行评价。

让幼儿受委屈或对幼儿产生误会的可能是老师,也可能是幼儿的小伙伴或者其他人。在幼儿诉说时,教师不应该对相关的人和事进行评价,因为你仅仅是听了"诉说者"的一面之词;另外,如果在不明了真实的情况时贸然对相关的人和事进行评价,特别是评价相关的老师,会给幼儿做出很不好的处事示范，不利于幼儿的健康成长。

（5）配以适当的温暖的肢体语言。

在幼儿诉说的过程中，教师应该专注地用温暖的眼神看着幼儿的眼睛；在幼儿诉说完后，教师要通过亲密的身体语言对幼儿进行适当的安抚。这样反射情绪的效果会更好。

（6）询问幼儿是否需要向有关人员申诉。

教师要努力帮助幼儿找出消除误会的方法，如向相关人员申诉等。当然，前提条件是幼儿愿意申诉。如果幼儿不愿意申诉，就没有必要强迫他去申诉。

4. 允许申辩法的使用技巧

当幼儿做了违背教师愿望的事情，而遭教师批评又不服气时，教师应该允许甚至鼓励他通过申辩说明"委屈"的理由，在幼儿申辩的过程中，不管误会是否获得化解，幼儿的不良情绪都会因为有申辩机会而减弱。这样有利于幼儿的健康成长。

为了更好地发挥反射情绪法在应对幼儿不良情绪中的作用，教师应注意如下三点。

（1）无条件地接受幼儿的主动申辩。

对幼儿的申辩，不管有理或没理，教师都应该无条件地接受，甚至当发现幼儿"不服气"时，要心平气和地鼓励幼儿申诉："不服气，那你说说你的理由给老师听听。""老师有什么说得不对的，你说说。"

（2）平静地接受幼儿的申辩。

在幼儿为自己申辩的过程中，教师应该一直以鼓励的眼神看着幼儿，不管他申辩得有理还是无理，都应该鼓励他把话说完，切不可中途打断幼儿的讲话。这是给幼儿做出与人交流的礼貌行为示范，也是充分发挥申辩这一手段舒缓幼儿内心压力的好方法。

（3）判断幼儿的申辩有理或无理，然后行动。

①确实有冤枉幼儿的地方，就要改正，并向幼儿道歉。

②幼儿申辩无理，对幼儿的情绪表现仍然给予肯定："谢谢你告诉我你的

感受和你的看法，不过，事实是……今后有什么不同看法，欢迎你继续跟老师说。"

教师应该以积极的眼光看待幼儿的申辩，幼儿的申辩至少说明幼儿有主见、有胆量、有勇气。同时，幼儿的申辩有利于其语言能力的发展，还可以避免幼儿受委屈，有利于他们把不良情绪通过申辩宣泄出来。

5. 共同遭遇者法的使用技巧

案例5-11 曹颖小朋友的办法

中（2）班和大（3）班的小朋友们同时在操场上自由活动。中（2）班的几个小朋友正在玩追逐游戏，正当他们玩得不亦乐乎的时候，其中一位叫施小雯的小朋友突然跌倒在地上，并且立即哇哇大哭起来。

如果你是带班老师，会如何应对？

A 老师的应对：

马上跑过去哄施小雯，并给施小雯拍去身上的土，同时嘴里不停地说着让施小雯停止哭泣的话。

可是，施小雯不听劝导，还是哭个不停……

B 老师的应对：

马上跑到施小雯跟前，鼓励她勇敢点，自己爬起来，别哭。

可是，施小雯还是哭个不停……

C 老师的应对：

马上跑到施小雯跟前，朝地面狠狠地跺了几脚，给施小雯"出气"，说"这地板真坏，它让我们的施小雯跌倒了……"

可是，施小雯还是哭个不停……

大班小朋友曹颖的应对：

曹颖一看到施小雯因跌倒而哭泣，愣了愣，接着跑了过去，装作也跌倒了，并且就跌倒在施小雯的身边。曹颖跌倒了，没有哭却笑起来。哭泣中的施小雯看到小姐姐摔倒了还在笑，也笑了，她抹抹眼泪，又去玩了……

在安抚施小雯不良情绪的过程中，三位老师均以失败告终。她们失败的原因在于她们是以高高在上的"说教者"身份出现——成人想以成人的逻辑去说服、教育施小雯，没有引起施小雯内心的共鸣。而曹颖小朋友则以"共同遭遇者"的身份出现——也是跌倒者，这感染和打动了施小雯，引起了她的共鸣。

为了更好地发挥共同遭遇者法在应对幼儿不良情绪中的作用，教师应注意如下六点。

（1）扮演共同遭遇者的，可以是幼儿的同伴，也可以是教师。

（2）发现幼儿的不良情绪及其情境：幼儿的情绪如何，是什么原因导致其当前的情绪。

（3）共同遭遇者上演共同遭遇有两种方式：一是在当事幼儿面前上演"共同遭遇，不同体验与应对"；二是口述"共同遭遇，不同体验与应对"。

（4）只展示共同遭遇与不同反应，不讲道理。

（5）共同遭遇者要以良好的情绪带动处于不良情绪状态的幼儿，使其情绪向好的方向发展。

（6）当事幼儿的情绪向好的方向发展后，共同遭遇者要与当事幼儿进行适当的互动，使当事幼儿彻底从不良情绪中走出来。

在幼儿因"尴尬事"（如不小心尿床，不小心滑了一跤，因控制不好情绪打针时哭了……）而出现不良情绪时，教师应该放下身段，以"共同遭遇者"的身份出现——可以像曹颖小朋友一样去演绎"尴尬的过程"，也可以跟相关的孩子说"老师小时候也'尿过床'……""老师小时候也有点怕打针，老师打针时也哭过……"，幼儿会认为老师和他是"共同遭遇者"，这样他因"共同遭遇"而产生的消极情绪会减轻甚至消失。

6. 不理睬法的使用技巧

当幼儿表现出无理取闹、愤怒或者为引起教师关注以及为达到其他目的的不良情绪时，教师可以漠然置之，这样幼儿的不良情绪和行为就会自然地消失。教师的这种应对方法就叫不理睬法。

案例 5-12　以哭控制老师

小班第一学期的第一个月，王玉云总是缠着井老师让她抱。当井老师把同样的爱给其他幼儿时，王玉云就大哭起来，不让井老师与其他幼儿接触。起初，井老师认为：王玉云可能怕老师不爱她了，于是又赶紧抱着她。在王玉云的情绪稳定后，井老师告诉王玉云：老师爱班上所有的小朋友，更喜欢她。可当井老师再次爱抚其他幼儿时，王玉云又大哭起来，如此反复几次，井老师知道王玉云已把大哭作为她独享师爱的"法宝"了。

于是，井老师不再理睬她。王玉云看到自己的"法宝"失灵，慢慢止住哭泣，悄悄地来到井老师身边说："老师，我不哭了。"井老师为她轻拭泪痕说："老师喜欢玉云。来，我们一起做游戏吧。"从此，王玉云再也没有因这种事而哭泣过，因为她已知道哭闹并不能达到目的。

为了更好地发挥不理睬法在应对幼儿不良情绪中的作用，教师应注意如下三点。

（1）明确不理睬法的适用情况。

不理睬法特别适用于幼儿以哭闹、发脾气、生气等为手段（如引起老师的关注或达到其他目的）的不良情绪和强烈情绪反应、言语冲动的消除，而对"非手段性"的情绪，如忧伤、郁闷、委屈、不安等，则不宜采用不理睬法。

（2）注意一致性原则。

在采取不理睬法的过程中，不同教育者在态度和行动上要保持一致性，同时，还要坚持前后一致性。这样，当事幼儿才会明白他的非理性情绪在任何教育者那里、在任何时候都是没有意义的。多次失败后，他就会放弃这种不理性的情绪行为。如果教育者态度不一，幼儿就有空子可钻，其非理性情绪与行为就很难得到抑制，甚至会变本加厉，最后击败所有的教育者。

（3）注意不理睬法的程序。

教师采用不理睬法矫正幼儿的非理性情绪和行为的操作程序为：面对任

性的幼儿，只说一句警告的话，然后通过以下的三个步骤矫正他。

①面对幼儿的种种理由与各种胡闹行为，教师要采取不解释、不劝说、不争吵的办法，否则就会强化其争吵、胡闹行为，使其目的得逞。教师可以先保持一段时间的沉默，做自己正在做的事。

②如果幼儿进一步胡闹且使人难以忍受，教师可以暂时离开现场，这时仍然要保持不批评、不与之讲道理的态度。

③等幼儿的情绪稳定后，教师可以告诉他："你刚才胡闹是不对的，现在你的情绪稳定了，你可以做你自己的事去了！以后你再这样，老师仍然不会理你。"教师也可以跟他说："我知道你不开心，但你不闹了，真是一个好孩子。"教师表示高兴、满意和关心后，再跟他讲道理，分析其行为正确与否，并用"相信你以后不会再随意哭闹"的话来鼓励他。

教师一致不予理睬，幼儿的不良情绪及行为就会减少或消退。

7. 情绪宣泄法的使用技巧

当幼儿有了不良情绪时，如果教师能以适当的方式（如诉说、艺术活动、体育活动、愤怒地大叫、打枕头、跺脚、画画、唱歌、哭泣、发脾气等）引导幼儿宣泄出来，将对减轻幼儿的心理负担、促进幼儿的心理健康成长有好处。

为了更好地发挥情绪宣泄法在应对幼儿不良情绪中的作用，教师应注意如下三点。

（1）明确情绪宣泄法的适用情况。

情绪宣泄法比较适合于缓解幼儿焦虑、忧郁、不安、愤怒等不良情绪所带来的压力，只是起缓解作用，而不能消除这些不良情绪，因为情绪宣泄法未触及幼儿不良情绪的根源性问题，是一种治标的方法。

（2）正确应对幼儿自发表现出来的宣泄行为。

①接受并鼓励幼儿情绪的自然流露。

幼儿因伤心难过而哭泣，因心中有不满情绪而生气，因委屈而申辩，等等，都是可以接受的，甚至是应该得到鼓励的。情绪的自然流露就是一种宣泄，对缓解幼儿内心的紧张和压力是有帮助的。

案例 5-13 威胁无助于不良情绪问题的解决

小小班有些孩子在哭,教师对哭的孩子说:"再哭,再哭,下午爸爸妈妈就不来接你了,不要你了,老师也不要你了,你还哭不哭?"听了教师的话,有些幼儿会强忍住哭泣,渐渐转为抽泣;而另一些幼儿会哭得更大声、更无助、更伤心了。

幼儿因为想念妈妈而哭泣,这是一种很正常的情绪行为。适当的哭泣有助于幼儿缓解内心的紧张,释放内心的负能量,有利于幼儿的身心健康。教师采取强行手段制止幼儿哭泣,会使幼儿的不良情绪得不到有效的宣泄,同时还会让幼儿承受更大的心理压力,这当然不利于幼儿的心理健康。

②受理幼儿的告状行为。

告状是幼儿宣泄内心不满情绪的一种方式,适当告状并得到老师的认真受理,能让幼儿消消气,甚至是出出气,这对其心理健康发展是有益的。

案例 5-14 冷漠的老师们

在集体教学活动中,王婷紧挨着孙老师,想抱住孙老师的腿。王楚上去把王婷推开,自己紧挨着孙老师站着。王婷生气了。

王婷说:"老师,他推我!"

孙老师看了一眼,没说话,也没什么表情。

王婷转身走到张老师跟前。

王婷说:"张老师,他推我!"

张老师面无表情地点了点头。

王婷又走到林老师面前。

王婷说:"林老师,王楚推我!"

林老师说:"哦,知道了。"

王婷无奈地回到自己的椅子上,郁闷地坐了下来。在这之后的五六分钟里，王婷根本没有心思参加教师组织的教学活动。

当幼儿来告状时，教师一定要认真倾听幼儿的心声。教师可以一边认真地听幼儿讲，一边用"嗯……""噢……""明白了"之类的话语表示对他的理解。"嗯""喔""噢""是呀……"之类的词看起来简单，但是作用很大，这表示教师承认与接受幼儿的告状和情感，幼儿会感觉到自己受到了老师的重视，他会更自信、更勇敢，同时也会更加信任、尊敬老师。

③重视幼儿为宣泄内心的紧张而表现出来的心理行为问题。

幼儿的一些无意识行为，如吮手指、吃被角衣角、咬嘴唇、咬指甲、"偷"东西、撕衣服、拔头发、发脾气等，与其说是坏习惯，不如说是幼儿紧张心理的一种宣泄方式更为恰当，这就像成人因紧张而吸烟、喝酒一样。幼儿之所以出现这些行为是为了给其内心冲突和其他适应困难提供情绪上的出口。

幼儿的残忍行为和攻击行为往往是其压抑心理在行为上的表现。如有些家庭父母不和，孩子成了双方的出气筒；有些父母对人缺乏同情心，对孩子动辄施以惩罚，甚至拳脚相加；有些孩子与继父或继母生活在一起，得不到应有的关爱，只知道恨。幼儿生活在这样的家庭中，感情受到过度压抑，容易产生发泄的冲动，在能够发泄的场合，稍不如意就会伤害他人或动物。他们以折磨或戏弄小动物（如把昆虫的翅膀拔去，把动物的眼睛捅瞎或把动物的头扭下来，把小狗扔进水中，把青蛙对半劈开等）、欺凌弱小来发泄内心的不满和压抑感，并逐渐形成在恶作剧中寻求刺激和乐趣的心理。

与因心理紧张而引起的情绪宣泄有关的心理行为问题还有破坏性行为、摔门、敲桌椅、报复行为、敌对行为、强迫行为等。

当幼儿出现上述心理行为问题时，教师应该意识到幼儿正处在紧张的心理状态之中，他们需要的是帮助，而不是惩罚。有些教师和家长没有认识到这一点，在幼儿出现类似的心理行为问题时，不但没有给幼儿以相应的帮助，反而以惩罚手段迫使幼儿改正，结果不能减轻幼儿的内心紧张程度，反倒加重了幼儿的紧张心理，使相应的心理行为问题的发生频率更高。如喜欢吸吮手指的幼儿,在吸吮手指时如果被打骂,他以后吸吮手指的频率可能会更高。

教师在处理幼儿的这类心理行为问题时一定要慎重,要意识到幼儿正处于心理紧张状态,然后找出引起幼儿这种心理紧张状态的原因是什么,最后对症下药,消除造成幼儿心理紧张的原因,从而消除幼儿的紧张情绪,进而消除幼儿的心理行为问题。

(3) 有目的、有计划地设计并组织幼儿参加具有宣泄作用的活动。

幼儿生活在成人主宰的社会中,平时只能听从父母和老师,很少有自由自主的时间和机会,他们生活得很被动、很压抑,也很紧张。教师可以设计一些相关的教育活动使幼儿有机会宣泄内心的紧张。对幼儿而言,诉说、游戏、艺术活动、体育活动、文学活动等都可以起到这样的作用。

①认真对待幼儿的情绪诉说。

当幼儿来向教师诉说其不良情绪体验时,教师一定要认真倾听。

案例 5-15 A 方式和 B 方式

A 方式

幼儿:小胖推我,所以我……老师,你听我说了吗?

老师(头也不回地写教案):我听见了。你说吧。

幼儿:所以我就还手了。后来他又打我……你听见了吗?

老师(仍然头也不回地写教案):我每个词都听见了。

幼儿:不,你没有听!

老师(还在专注地写教案):我能一边写教案一边听你说。你说吧!

幼儿:不说了,算了!

(幼儿生气地走了。)

B 方式

幼儿:小胖推我,所以我……老师,你听我说了吗?

(老师转过身,面对着幼儿,认真地听他说。)

幼儿:所以我就还手了。后来他又打我一下,打得我很疼。他坏死了!

（老师关切地看看孩子，点点头。）

幼儿：你知道吗？以后我要去和小峡玩，他不乱推人。

（幼儿说完就心满意足地去玩了。）

A方式中，老师没有听幼儿诉说，所以幼儿生气地走了。B方式中，老师认真地听幼儿诉说，所以幼儿满意地走了。

在倾听过程中，为了让幼儿感觉到教师的认真，教师应该注意以下四点。

a.将注意力集中在幼儿身上，不要分神，把视线放在幼儿的鼻尖与眼睛之间。

b.提出开放性的问题以表示你在倾听，表示你想知道更多信息或想要弄清你没听明白的一些事情，如幼儿告诉你他被老师冤枉之事，你可以跟他说："那肯定使你心烦了。你能告诉我发生了什么事吗？"

c.总结一下幼儿说过的话。这能促使你认真聆听，让正在诉说的幼儿知道你已经理解了他所说的话，并且不太可能误会他。

d.让幼儿知道你在仔细倾听。你要与幼儿进行眼神交流，用适当的手势和肢体语言（比如点头）并同时用"嗯""是的"等词语来表示回应。

②重视游戏的宣泄功能。

游戏是减轻幼儿紧张情绪的良好方式。有些男孩特别喜欢玩黏土，他们玩黏土时的挤、压、扭、捏等动作，和最后一下将黏土使劲地摔在地上的动作，都具有宣泄的作用。有的幼儿喜欢扔石头游戏和扔沙袋游戏；有的幼儿喜欢用力地捶打沙袋等；有的幼儿喜欢反复地搭积木，然后又用力地把积木推倒；在玩娃娃家游戏时，有的幼儿喜欢把布娃娃的裤子拉下来，然后"狠狠地打"它的屁股，并且一面打一面口中念念有词……在这些"宣泄游戏"中，幼儿把在现实中对某些人或事的不满情绪发泄到沙袋等物体上。又如，在玩医院游戏时，许多幼儿很喜欢玩"打针游戏"，这是幼儿将在医院打针时所受的痛苦发泄到被打针的对象——布娃娃等身上。教师如果平时注意观察就会发现，幼儿经过一系列游戏活动中的"发泄"之后，他们的脸上总会流露出满足和痛快。幼儿在做建构游戏时，把别人垒高的积木一下子推倒，可能是他在发泄因同伴拒绝与他分享玩具而产生的不快；在玩娃娃家游戏时，一个小女孩拍打着玩具娃娃，说："你把牛奶倒洒了，老师不喜欢你了！"这可能是她把自己在类似情境中承受的心理压力发泄到了玩具娃娃身上。在"老鹰捉小鸡"的游戏中，"老鹰"要克服各种困难，想尽办法捉"小鸡"；而小鸡则要冲破各种障碍，在"母鸡"的带领下逃过"老鹰"的魔爪。当然，每个幼儿都有面临失败的可能（如"小鸡"被"老鹰"吃掉或"老鹰"捉不到"小鸡"被饿死等）。而恰恰是在这些游戏中，幼儿的紧张、恐惧、焦虑等情绪得以宣泄，心理达到平衡。

大约四五岁的幼儿可能开始玩更具暴力色彩的游戏（"打仗"游戏，甚至杀人游戏，玩这种游戏的男孩尤其多），这种游戏可能使成人感到非常震惊，但是对幼儿来说完全是正常的，甚至对其健康是有益的。它引导幼儿用一种安全的方式发泄敌意和攻击性。这并不会使幼儿在现实生活中变得好斗，打仗这样的游戏可以教会他们计划、组织、协调、合作，培养其勇敢向前的斗争精神。事实上，有过这种游戏经历的幼儿能更好地控制自己的攻击冲动，更重要的，他们在这种自己组织的活动中不受成人的限制，是在一种极为愉悦的情绪中实现"社会模拟"的，没有伤害性代价这种发展的成就是在安全的情况下获得的。心理学家把这种现象称作"通过象征性的游戏来削弱内心的冲动"。

不过，也有部分研究指出，具有暴力色彩的游戏虽然能在一定程度上使幼儿宣泄内心的紧张，却可能会增强幼儿的攻击性。研究者认为，儿童由于小时候用手枪、大刀、宝剑等"武器"玩战斗游戏，长大后心理会变得残缺不全，他们好勇斗狠，始终无法学会与人相处的艺术。这确实值得我们深思。

材料 5-4　与攻击性玩具相关的三则报道

埃菲社 1996 年 7 月 19 日发出一条电讯：300 多名洪都拉斯儿童当日在首都和平纪念碑前举行了一次自愿放弃暴力行为的仪式。在仪式中他们不仅埋葬掉自己的玩具武器,而且要求制止买卖武器的"死亡贸易",因为"武器仅仅给人们留下痛苦、贫困和悲伤"。

人民网2001年8月30日报道:8月29日,阿根廷海滨城市马德普拉塔的圣马丁广场上举行了"缴械仪式"。450多名儿童把塑料手枪、导弹发射器等玩具武器交给老师换取图书或其他智能玩具。收缴的塑料武器将由几位艺术家熔制成雕塑作品,用来装饰幼儿园。

《中国青年报》2000年6月23日报道,从2000年"六一"儿童节起,浙江省杭州市萧山市(今萧山区)银河音乐幼儿园开始实施一条特殊的规定:禁止孩子携带武器玩具入园。该幼儿园负责教学工作的张老师告诉记者,制定这条特殊的规定,目的是让孩子能在更好、更健康的环境中成长,从小培养孩子热爱和平的思想品质。

③幼儿在文学艺术活动中宣泄不良情绪。

艺术活动是幼儿宣泄内心紧张的一种有效方式。如,音乐心理学研究表明,音乐能够缓解、调节人们的情绪,排解人们心中的紧张和不安,音乐还是人们表达和宣泄不良情绪的十分有效的手段。让幼儿参与各种不同情调的音乐活动,不仅可以使他们的各种情绪得到宣泄,而且可以让他们学会用不同的音乐来表达自己的情绪。舞蹈活动也具有与音乐同样的心理宣泄功能。让幼儿在儿童剧或表演游戏中担任具有不同情绪经历的角色,也同样有利于幼儿各种情绪的宣泄,有利于他们的心理健康。

案例5-16　以画画来宣泄

胡玉4岁。一天,胡玉从幼儿园回家有点不高兴。妈妈问她为什么不开心,她说:"杭杭老是打我。"妈妈安慰了她几句便去做事了。妈妈远远地看见胡玉开始画画了。

一会儿，胡玉边画边嘴里说着什么；过了一会儿，她又开始笑了。妈妈很好奇，便过去问胡玉笑什么。胡玉指着画上的两个小娃娃告诉妈妈："地上的这个是我，天上的那个是杭杭。下次他再打我，我就一脚把他踢到月亮上去。这样他就下不来了，就再也不会欺负我们班的小朋友了。"

文学作品也同样具有宣泄功能。在文学活动中，幼儿的意识和潜意识经常融合交错在一起，他们更容易在阅读童话故事的过程中投射自己的形象、情绪，不知不觉把自己的感情投入到童话故事中，被其熏陶感染。

④具有宣泄意义的活动与材料举例。

研究表明，下列活动与材料同样具有宣泄不良情绪的功能。

• 带幼儿奔跑，室内室外都可以。对于好动、爱摔东西的幼儿，奔跑能让他们消耗体力，宣泄不良情绪。

• 提供呐喊的场所。对喜欢大喊大叫的幼儿，可以找个安静的、不影响他人的地方，让他大声呐喊。

• 尽情撕纸。找些废报纸或者卫生纸，让幼儿痛痛快快地撕一会儿。等幼儿的情绪释放后，再和他交流。

• 做鬼脸。可找来照相机或摄像机，让幼儿对着镜头做鬼脸，记录他们的不满。

• 在干净、安全的地方打滚。在床上、草坪上打几个滚，能舒缓幼儿压抑的情绪。但一定要强调场合，避免幼儿在公共场所因负面情绪而满地打滚。

• 拿一些东西来踢着玩，比如装牛奶的纸盒、纸箱子和皮球等。

• 给幼儿提供一个可以挖土的地方。

• 为幼儿提供可以任意揉捏的东西，如橡皮、较软的布偶等。

• 为幼儿提供可以任意乱扔的东西，如豆子袋、沙袋（幼儿玩投掷游戏用）等。

• 为幼儿提供可以重重敲击的东西，如铁锤和钉子、鼓、锣等。

上述七种应对幼儿消极情绪的方法，主要用于消除幼儿因一时一事而引起的不良情绪，对那些长期不良的情绪则不易产生效果，甚至是无效的。因此，我们也不主张大家用上述方法来解决幼儿长期存在的情绪不良问题，如对于幼儿因父母感情不和所致的长时间的不良情绪，运用上述策略是收效甚微的。

（四）评估

应对幼儿不良情绪的最后环节就是对应对过程和效果进行评估。

（1）本次应对幼儿的不良情绪是否取得了预期效果？

（2）本次应对幼儿的不良情绪有哪些方法和有效措施，可以运用于今后相应的教育情境中？

（3）本次应对幼儿的不良情绪有哪些经验教训？这些经验教训从另外一个角度提醒我们在今后相应的教育情境中应该怎样做。

不断反思和总结能让我们不断积累应对幼儿不良情绪的技巧，让教育更加有效。

三、应对幼儿不同种类不良情绪的技巧举要

（一）幼儿恐惧情绪的应对技巧

面对幼儿的恐惧情绪，教师可以采取如下五种措施来应对。

（1）告诉幼儿小时候老师也怕。

（2）给幼儿做出示范：老师（或其他幼儿）现在不怕……

（3）不取笑幼儿的恐惧心理。

（4）不过分关注幼儿的恐惧心理与行为。

（5）让幼儿逐渐熟悉、接近其惧怕之物。

（二）幼儿愤怒情绪的应对技巧

面对幼儿的愤怒情绪，教师可以采取如下五种措施来应对。

（1）给幼儿一个拥抱，使幼儿尽快平静下来。

（2）牵起幼儿的手，跟他说："老师带你去玩。"

（3）告诉幼儿："你的吵闹让我很头痛，你能找一种安静的方式来生气吗？"

（4）暂时不予理睬。如果幼儿大发脾气时不是处于危险之中，也没有伤害到别人或者没有做破坏性的事情，那么教师可以暂时别理他。

（5）让幼儿通过打枕头、跺脚、画画、大声喊出来、出去跑步等方式宣泄愤怒。

（三）幼儿焦虑情绪的应对技巧

面对幼儿的焦虑情绪，教师可以采取如下五种措施来应对。

（1）允许幼儿带依恋物。

（2）让快乐的孩子带动焦虑的孩子活动起来。

（3）经常拥抱幼儿。

（4）用幼儿能理解的方式表达对他们的爱。

（5）多带幼儿到室外玩快乐的激励性的游戏。

（四）幼儿伤心情绪的应对技巧

面对幼儿的伤心情绪，教师可以采取如下五种措施来应对。

（1）带幼儿离开伤心的地方。

（2）设计有趣的活动让幼儿加入。

（3）接受甚至鼓励幼儿的哭泣、诉说等宣泄行为。

（4）拥抱幼儿。

（5）如果幼儿正在哭泣，给他纸巾或帮他擦眼泪。

材料 5-5　面对孩子的坏情绪，家长应冷静处理

阅读此文前，先来测一测你对孩子的情绪反应。

在孩子闹情绪时，你的反应常常是：

A 方式

- "别哭了，妈妈带你去买雪糕吃。"
- "来，爸爸带你去动物园，不要再发脾气啦。"
- "你再这个样子，我就不让你出去玩了。"

B 方式

- "你这个样子像个男孩子吗？真丢人！"
- "你再吵我就打你了！"
- "你自己做错了事还耍脾气，想挨打啊？"

C 方式

- "回你自己的房间吧，等气消了再出来。"
- "爱哭你就哭个够吧，哭够了再来找我。"

D 方式（不理会孩子的情绪反应，喋喋不休地唠叨）

- "人总会遇到不如意的事嘛。妈妈像你这么大的时候，已经会自己照顾自己了。你想想，爸爸妈妈在你身上花了多少心血……"

A 方式——"交换型"父母

你认为负面情绪有害，所以每当孩子有忧伤的感觉时，你就努力地把世界"修补"好，却忽略了孩子更需要的是了解和慰藉。

看到父母的这些反应后，孩子会对自己产生怀疑："既然这不是什么大不了的事情，为什么我的感觉这么糟？"次数多了，孩子会变得缺乏自信，在情绪上很容易产生很大的压力。

B 方式——"惩罚型"父母

孩子常常由于表达哀伤、愤怒和恐惧而受到你的责备、训斥或惩罚。你

以为这样不会"惯"出孩子的坏脾气或者能够让孩子变得更坚强。

表达自己的情绪可能会带来耻辱、被抛弃、带来痛苦、受到虐待。所以，对于负面情绪孩子是既憎恨又无可奈何。长大后面对人生的挑战时，孩子会显得力不从心。

C方式——"冷漠型"父母

你接受孩子的负面情绪，既不否定也不责骂，而是"不予干涉"，让孩子自己去找办法宣泄或者冷静下来。

因为没有父母积极的引导，一个愤怒的孩子可能会变得有侵略性，用伤害别人的方式来发泄；一个伤心的孩子可能会尽情长时间地哭闹，不知道怎样去安抚自己和放松自己。

D方式——"说教型"父母

你以为只要孩子明白了道理，其负面情绪就会消失，所以你热衷于滔滔不绝地讲道理。

此时，孩子感到孤单无助，仿佛身处黑洞，得独自面对负面情绪带来的痛苦。而父母喋喋不休的训导只会令他更加苦恼。

以上是四种传统的应对孩子情绪的方式，显然它们都不利于孩子的情商培养。

最佳的处理方式是EQ型

EQ型父母善于感觉孩子的情绪。看到孩子流泪时，能设身处地地想象孩子的处境，并且能感受到孩子的悲痛；看到孩子生气时，他们也能感受到孩子的挫败与愤怒。

因为父母的接受与分享，孩子感到身边有可以信赖的支撑，因此更有信心去学习处理面临的问题。

EQ型父母的处理技巧分为4步。

步骤1：肯定

具体做法：直截了当地说出你看到的孩子脸上流露出的情绪。

例如:"宝贝,我看到你很伤心的样子,你能告诉我发生了什么事吗?"(或者)"你看起来不太高兴,是什么事让你生气呀?"作为处理情绪的第一步,"肯定"的意义是向孩子表达:"我注意到你有这种情绪,并且我接受有这种情绪的你。"

父母须明白——

◆跟所有人一样,孩子产生情绪也都是有原因的。

◆对孩子来说,那些原因都很重要。尝试站在孩子的角度,你会更容易接受孩子的情绪。

特别提醒:无论孩子怎样回应你,你都应该让孩子知道,你尊重并完全接受他的感受。

步骤2:分享

原则:先处理情绪,后处理事情。

具体做法:帮助孩子捕捉内心的情绪。

孩子们对情绪的认识不多,也没有足够和适当的文字描述情绪,要他们正确表达内心的感受是比较困难的。你可以提供一些情绪词汇,帮助孩子把那种无形的恐慌和不舒适的感觉转换成一些可以被下定义、有界限的情绪类别,刻画出自己的内心感受。

例如:"那让你觉得担心,对吗?"(或者)"你觉得被人冤枉了,很愤怒,是吗?"

孩子越能精确地以言辞表达他们的感觉,就越能掌握应对情绪的能力。例如,当孩子生气时,他可能也感到失望、愤怒、混乱、忌妒等;当他感到难过时,可能也感到受伤害、被排斥、空虚、沮丧等。认识到这些情绪的存在后,孩子便更容易了解和处理他们所面对的事情了。

◆如果孩子急于说出事情的内容、始末、谁对谁错,那么你可以把孩子引回到情绪部分。例如:

"原来是这些使你这样不开心。来,先告诉我你心里的感觉怎样。"

"哦,怪不得你这样不开心呢!现在你心里觉得怎样?"

◆孩子需要一些时间去表达他的感受。耐心些,当孩子正努力地说出他的情绪时,不要打断他,鼓励他继续说下去。

当孩子充分表达情绪后,你会发现孩子的面部表情、身体语言、说话速度、音调、音量和语气等都变得舒缓了。

◆待孩子的情绪稍微平静下来后,你就可以继续引导他说出事情的细节了。

步骤3:设范

设范是指为孩子的行为设立规范,即划出一个明确的范围,里面的是可以理解或接受的,而外面的则是不合适和不能接受的。

比如孩子受挫后打人、骂人或摔玩具,在了解这些行为背后的情绪并帮他描述感觉后,你应当使孩子明白,某些行为是不合适的,而且是不能接受的。

例如:"你对亮亮拿走你的游戏机很生气,妈妈明白你的感觉。但是你打他就不对了。你想,你打了他,现在他也想打你,以后你俩就不能做朋友了,对吗?"

对6岁以下的孩子,无须深入解释"不对"的理由,除非他主动发问。

重要的是让孩子明白,他的感受不是问题,不良的言行才是问题的关键。所有的感受和期望都是可以被接受的,但并非所有的行为都可以被接受。

步骤4:策划

人生的每次经验都会让我们学到一些东西,使我们更有效地创造成功快乐的未来。不明白这个道理的人总是抱怨人生处处不如意。而明白这个道理的人,则不断进步、享受人生、心境开朗、自信十足。

当孩子很小的时候,便应该教导他懂得这个道理,而经过上述的肯定、分享、设范三个阶段,现在正是恰当的时候。

此时,孩子已经领悟:我知道我感觉糟糕的原因了,而且我知道引起这些不舒服感觉的问题在哪里。我应该怎样去处理这些问题呢?

接下来,你就可以引导孩子找出恰当的方法来处理负面的情绪。

◆先问孩子他想得到些什么。比如:游戏机不被别人拿走;也有机会坐在汽车副驾驶的位置。

◆与孩子一起讨论解决问题的方法。引导他自己想办法,帮助他做出最好的选择,鼓励他自己解决问题。

例如:"如果重新来过,除了打他,你还能想到其他的方法吗?"

"下次发生同样的情况时,怎么做会更好?"

◆和孩子讨论:为了避免同样不如意的情况出现,可以采取哪些预防措施?

例如:"刚才亮亮走过来的时候,你对他说些什么,他就不会拿走你的游戏机?"

"为了避免你不在的时候别人拿走你的游戏机,你可以想出多少办法?"

◆如果有必要,不妨以愉快的态度与孩子一起解决问题。

孩子情绪异常的3个特别时机

当孩子无理取闹时

当孩子因为不合理的要求未被满足而哭闹时,你切不可因心软而改变立场。

你可以走过去,用轻柔和同情的语气说:"你是不是很不开心?看见你这样,我的心里也不舒服。"就这样分享他的情绪。一开始,孩子可能会拒绝你的关怀,你可以走开,过一会儿再回来,仍然用同样的方式跟他说话。用这种方式向孩子表明,你对事情的立场是坚定的,但在情绪方面,你愿意和他分享,因为你理解和在乎他的感受。甚至,你可以告诉孩子,他不开心,你也难过,因为你是很心疼他的。但他的要求不合理,是不可以答应的。用这样的方式,你可以慢慢地改变孩子的情绪模式,使他逐渐学会用更有效的方法来处理同样的情况。

失去心爱的事物时

当心爱的玩具不小心被摔破、弄坏或丢失了,孩子免不了会号啕大哭,伤心不已,这时也是对他进行情绪教育的最好时机。

小孩子对时间和金钱的价值没有概念。一件只花了几元钱买回来的玩具,可能是他最心爱的,一旦摔破了,他的悲伤不亚于一个成年人一下子失去了价值数万元的东西。

可是,大人往往不明白这一点,而对哭闹的孩子说:"坏了就坏了吧,也不值钱。不要哭了,明天爸爸再给你买一个。"结果往往是孩子哭得更伤心了,因为他觉得父母一点儿也不理解他内心的痛苦。

既然孩子为摔坏的玩具而哭泣,就说明这件玩具对他来说很珍贵。父母应该肯定和接受孩子的情绪:"我看到你这么伤心,一定是因为你非常喜欢这件玩具。来,坐在我身边,跟我说说你现在心里的感觉。"

在引导孩子说出内心的情绪感受后,应该向他做一些必要的解释,帮他明白以下的道理:

◆世界上所有美好的事物,总有与之别离的一天。

◆因此,和它在一起的时候,应该好好地对待它,也好好地享受它带给自己的快乐,珍惜和它在一起的时光。

◆在它离去后,把美好的记忆好好保存起来,让它在心里陪伴自己过好以后的每一天。

当你火冒三丈时

有时候,孩子实在顽劣,弄得你火冒三丈。若没有及时控制住,你就可能口不择言地呵斥孩子,甚至揍他一顿。结果不仅破坏了亲子关系,也可能给孩子幼小的心灵留下创伤。

察觉到盛怒来临的迹象后,你最有效的方法是让家人带走孩子,或自己离开"事发之地",然后:

◆做10次以上深而长的呼吸。

◆拉紧然后放松全身的肌肉数次。

◆出外散步10分钟。

◆对自己说"我会保持冷静",然后回想过去自己曾经表现得很冷静时的情景,或者回忆一段轻松开心的时光。

父母能够控制自己不乱发脾气，对孩子是很好的榜样教育。你也可以把这种冷静的技巧教给孩子，让他从小就学会做情绪的主人。

【摘自：http://www.yaolan.com/edu/201409011538408.shtml】

上述材料，对教师有效地应对幼儿的不良情绪很有启发意义和指导作用，请大家认真品读。

四、综合实训

实训 5-1 苏勇因尿床而伤心地哭泣

中午起床时，苏勇因尿床而难过地在床上哭泣不止。

作为老师，你如何应对？

实训 5-2 方一伦打针时声嘶力竭地哭喊

中班的大个子方一伦打针时声嘶力竭地哭喊。

作为老师，你如何运用共同遭遇者法来应对？

实训 5-3 付思涛钻到桌子底下去了

一天早上，区角游戏结束后，孩子们都忙着收拾玩具。奚培跑到我身边对我说："老师，付思涛钻到桌子底下去了！我喊他他也不肯出来。"付思涛是班中比较调皮捣蛋的孩子，这下又在干什么呢？我走过去一看，果然，他还趴在桌子底下，看不见他在干些什么。平时我一再强调要注意卫生，可他还钻到桌子下，所以我认为他不听话。我弯下腰对他厉声喊道："付思涛，你是怎么回事，这么不讲卫生，快出来！"听到我大声批评他，付思涛惊恐地从桌子底下钻出来，小声地说："老师，我……""别说了，快去洗手。"他本来还想争辩，可我不由分说地制止了他，他可怜巴巴地看看我又咬了咬自己的嘴唇，怏怏地走到盥洗间去了。

这时，张晓雪跑过来对我说："老师，付思涛刚才捡了好多的小纸屑。这都是剪小花纸的小朋友掉在地上的，付思涛是在收拾好自己的玩具后帮助他们整理。"听着张晓雪的话，想到付思涛看我时委屈的眼神和紧闭的双唇，我的脸顿时红了，心中也懊悔不已。

我连忙找来付思涛，诚恳地对他说："刚才，老师没听你说完话就批评了你，真对不起！那些纸屑明明不是你掉在地上的，你为什么还要去捡呢？""老师，你说小朋友们要讲卫生，保护好班级的环境，还要保持地面和桌面的清洁。他们都回到自己的座位上去了，谁都不愿意捡，我看见离我的座位很近，就去捡了！"孩子是如此可爱，我却责怪了他。"你做得很好！"我摸着他的头说，"但是以后不能趴在地上哦，你把地上的垃圾清理了，你身上的衣服却会变脏，对不对？这样吧，你去把笤帚和簸箕拿来，我们一起来把这些纸屑扫掉吧！"纸屑扫掉了，付思涛开心地笑了。

上述案例给我们哪些启示？

实训 5-4　踢了老师一脚

游戏时，欧阳天天推倒了遥遥搭好的积木，遥遥向老师告状。老师找到欧阳天天，对他说："天天，你刚才为什么要把遥遥的积木推倒？"欧阳天天低着头没有说话。老师接着说："老师有没有讲过不能随便推倒小朋友搭好的积木？"欧阳天天仍旧低头不说话。这时老师皱了皱眉说："天天，向遥遥道歉，并且帮她把积木搭好。"欧阳天天扭头就走，老师一把拉住他说："我说的话你都不听了，快道歉！"欧阳天天扭头踢了老师一脚，跑开了。

案例中的老师错在哪里？如果你是案例中的老师，你将如何做？

实训 5-5　妈妈不带我去给小鸭上坟

"曹老师，你快去看看，王宏中午又哭了，还闹着要回家，谁劝也不行。"我一进教室，刘老师就关切地说。我一愣：王宏是个很懂事的孩子，怎么连着两天都哭闹不止呢？这里一定有原因。我轻轻地走到王宏面前，试探着问："王宏，有什么事能告诉曹老师吗？"谁知这一问，王宏哭得更厉害了，泪水簌簌地落下。见此情景，我轻轻地将她拉进怀里，边给她擦眼泪边关切地说："别哭了，再哭就不漂亮了。如果遇到了什么困难，自己解决不了，曹老师可以帮你！""妈妈不带我去给小鸭上坟！"孩子终于吐露了心声。

接着，你将用什么方法来应对幼儿的伤感？

实训 5-6　A 方式与 B 方式

A 方式

幼儿：我真想揍扁小刚的鼻子！

教师：为什么？怎么了？

幼儿：他把我的书扔在泥地上。

教师：噢？是不是你先招惹他的？

幼儿：没有！

教师：真的没有？

幼儿：我发誓我根本就没有碰他。

教师：那好吧。小刚是你的朋友，这件事过去了就别再提了。你也喜欢惹事，然后又来怪别人。

幼儿：不是的，每次都是他挑起来的……算了，我以后再也不和你说了。

谈话到此只能是不欢而散。

B 方式

幼儿：我真想揍扁小刚的鼻子！

教师2：孩子，你生气了！

幼儿：我想把他的胖脸揍扁。

教师2：你这么恨他！

幼儿：你知道他做了什么吗？他抢走我的书，扔在泥地上。根本没有任何理由！

（教师2静静地听着。）

幼儿：他以为是我把他那个可恨的瓷鸟玩具摔坏了。

教师2：你觉得是这样。

幼儿：是的。他哭的时候一直看着我。

教师2：噢……

幼儿：但是，不是我把它摔坏的，根本不是我。

教师2：我明白了，不是你摔的。

幼儿：我不是故意的。都是因为大鹏推了我一下，才碰到小刚的桌子。

教师2：大鹏推了你一下。

幼儿：是的。好多东西都掉到了地上，可就是那个瓷鸟玩具摔坏了。我根本就没有想把它摔坏，那个瓷鸟玩具很好看。

教师2：你不是故意的。

幼儿：我不是故意的。但是他就是不相信。

教师2：你觉得要是你告诉他，他也不会相信你。

幼儿：我不知道……不管他相信不相信，我都得告诉他。我想他也应该向我道歉，不该把我的书扔在泥地上。

A方式与B方式有何不同？B方式使用了本书中提到的哪些方法？它带给我们什么启示？

实训5-7　我不愿意上幼儿园了

早晨入园，园园一直在哭。

园园:"我不愿意上幼儿园。"

老师:"这孩子就是事多,全班小朋友都不哭,就你哭,都上大班了……"

园园:"我不愿意上幼儿园,我要回家……"

老师如此应对,错在哪里?如果你是老师,你会如何回应?

实训 5-8　当你生气的时候就来告诉我吧

5岁的丁勇既富有侵略性又好动粗,对很微小的刺激也会做出过度的反应。打架往往有他的份儿,他经常搞得每一位小朋友都不高兴。今天丁勇又打架了,老师找到他。

老师:"看来你很生气,我可以从你的脸上看出来你很生气。"

丁勇:"我的确生气。"

老师:"当你生气的时候就来告诉我吧。"

丁勇对老师的处理感到很意外,说谢谢,自此以后竟然改掉了打架的毛病。

丁勇因自己没受到谴责而感到意外。如今他每隔一段时间就要到老师那里,诉说他生气的情形,其激动的情绪随之而缓解了。

上述案例中,老师用到了哪些消除幼儿不良情绪的方法?

实训 5-9　安慰失落的孩子

有一次,浩浩带来了一套精美的新玩具,旁边的雪儿看到后很失落。观察仔细的王老师想:"为什么雪儿会有失落感呢?喔,我明白了。那天雪儿对我说,她妈妈下岗了,没钱买新玩具。看到别的小朋友有了新玩具,雪儿心里难免会很失落。如果现在不立即对雪儿进行一番开导,会给她留下阴影的。"王老师马上用欣赏的口气对大家说:"雪儿真懂事,不吵着要妈妈买新玩具,节约了很多钱。"王老师还拿出雪儿从家里带来的用牛奶盒制成的小飞碟,夸奖她真会动脑筋，小手真灵巧。

教师凭借自己的观察、分析，从日常生活中的小事入手，及时表扬了雪儿，还使其他孩子受到了教育，收到了良好的教育效果。

你认为，帮助幼儿走出失落的心态还有哪些有效的办法？

实训 5-10　向脚踏车发脾气

宁达懿3岁多，有一次他的小脚踏车翻了，他努力地想把它翻转过来，但试了两次都没有成功。他站起来，开始"运"气，然后伸手抓住车把，将车甩向墙壁，当然，车没有被甩到墙壁上，只是翻了个儿，他继续重复上述动作。此时，宁达懿的小脸已然憋得通红，看得出来他非常生气。对于3岁多的小孩来说，他的样子很疯狂……老师们一时都有些呆住了，但大家都停下手中的事情，静静地看他发泄。甩了几下，他也累了。站在那里看着车，噘起嘴巴……

这时，尹老师走过去蹲下身子搂着宁达懿的腰，轻轻地拍着他说："宁达懿，刚才弄不动小脚踏车，你气坏了吧？""老师知道你特别生气，不过，现在你也跟小车发过脾气了，再哭就不好玩喽。我们去捉迷藏吧，好不好？"宁达懿收起眼泪，又开心地玩去了。

尹老师采用了哪些方法来消除幼儿的不良情绪？

实训 5-11　自残式宣泄

大海是一个幼儿园大班的孩子。在一次传球活动中，篮球刚传到大海的手里就被身边的小朋友一跃身把球抢走了。当时，大海怒气冲冲地离开篮球场地，径直走到一面墙跟前。谁也没有想到，大海伸出两手拼命地朝墙上挖去。一时间，小朋友们都静了下来。大约过了一刻钟，大海慢慢平静了下来，可十个手指头都带着血。老师走上前，把大海抱在怀里，握着他两只受伤的小手，轻轻对他说："好孩子，没事了！不过，以后可不要让自己受伤了，不然的话，你这个小帅哥就不帅了！"大海听了老师的话，懂事地点点头，同时很不好意思地说："对不起，老师，我不该发脾气！"老师朝大海笑了笑说："你对不起的可不是老师，是你的十个手指头，知道吗？你的手指好无辜啊！不过呢，坏脾气不发出来也是很难受的，以后你再发脾气，可以选择别的方式，比如跑步、跳绳什么的。记住了啊！"

幼儿心里有压力总会找各种方式宣泄出来，采取自残的方式来宣泄不良情绪，那是因为他们不懂得正确的宣泄方式。因此，在平时的教育活动中，教师不仅要提醒幼儿宣泄不良情绪的方式，还要培养其正确的无害的宣泄技能。

【参考文献】

[1] 莫源秋，唐翊宣，刘利红.幼儿教师与幼儿有效互动策略[M].北京：中国轻工业出版社，2015：70-79.

[2] 全国妇联儿童工作部.家庭教育指导与服务参与式培训手册[M].北京：中国妇女出版社，2010：92.

[3] 科特曼.幼儿教师88个成功的细节[M].李旭晴，译.上海：华东师范大学出版社，2010：68，72-74.

[4] 戈登，布朗.幼儿教育学导论：下册[M].梁玉华，等译.成都：四川少年儿童出版社，2010：192-194.

[5] 肖川.大师谈教育心理[M].重庆：西南师范大学出版社，2009：79-80.

[6] 王化敏.给幼儿教师的一把钥匙：幼儿教师教育实践策略指导[M].北京：教育科学出版社，2008：129.

[7] 冈萨雷斯-米纳.多元化社会中的早期教育[M].徐韵，周红，等译.南京：江苏教育出版社，2008：57，61-62，109-110.

[8] 陈娟娟，等.新手老师上路啰！：幼儿教师入门必读[M].南京：南京师范大学出版社，2003：145.

[9] 李海浪，等.养个百分百聪明的宝宝：婴幼儿心理行为与智力开发［M］.南京：江苏科学技术出版社，2003：296-297，299-100，303-305，307-311.

[10] 曹怀秀.可贵的童心［A］//吴晓燕.走进童心世界：幼儿教师优秀教育笔记集粹［M］.北京：北京师范大学出版社，2000：29.

[11] 张立.站在孩子的位置上［A］//吴晓燕.走进童心世界：幼儿教师优秀教育笔记集粹［M］.北京：北京师范大学出版社，2000：2.

[12] 张青青.角色游戏与幼儿心理健康［J］.教育导刊（幼儿教育），2009（2）：26-28.

[13] 王淑宁.动画片对儿童社会性发展的影响［J］.内蒙古师范大学学报（教育科学版），2008（12）：42-44.

[14] 王琼.小班幼儿消极情绪的疏导［J］.家庭与家教（现代幼教），2008（10）：36-37.

[15] 王麒，李焕稳.艺术治疗对幼儿美术教育的启示［J］.教育导刊（幼儿教育），2008（7）：31-33.

[16] 胡晓.浅议儿童和平教育——从禁止武器类玩具谈起［J］.中国德育，2006（10）：12-14.

[17] 曾冬梅."老鹰捉小鸡"何以成为经典游戏［J］.教育导刊（幼儿教育），2007（2）：47.

[18] 高晓妹.幼儿愤怒情绪的产生及其应对策略［J］.宿州师专学报，2004，19（1）：119-120.

[19] 易慧娟，马学刚.浅谈幼儿的心理健康教育［J］.学前教育研究，1998（4）：58-59.

[20] 巨金香.情感视域中的师幼互动研究［D］.长春：东北师范大学，2006.

[21] 李资渝.洛温菲尔德的沙盘游戏治疗理论及其在幼儿园中的应用［D］.广州：华南师范大学，2002.

[22] 张莉.童话心理分析及其在幼儿心理教育中的运用［D］.广州：华南师范大学，2003.

第六章　与幼儿建立快乐互动关系的技巧

幼儿来园的根本动力是幼儿园能给其带来快乐。快乐对激发幼儿的来园热情、促进幼儿的心理健康和发展都有着十分重要的积极意义，同时，幼儿的快乐也能为教师增添职业幸福感。因此，幼儿教师应该学会利用各种方法和手段，努力提高师幼互动的水平，让幼儿从师幼互动中获得快乐，获得发展。

一、建立快乐互动关系的条件

为了让师幼互动能够给幼儿带来更多的快乐，并且能够更好地促进幼儿的发展，教师在与幼儿互动时应该坚持三项基本原则。

（一）需要性原则

幼儿的快乐来自其需要得到了适当的满足。师幼互动之前，教师要认真思考：我与幼儿互动能满足幼儿的哪些需要？我应该如何做才能更好地满足幼儿的需要？师幼互动之后，教师要认真思考：在本次师幼互动中，幼儿的哪些需要得到了满足？幼儿的这些需要如何得到了满足？幼儿的哪些需要被忽视了？今后该如何弥补？

（二）感染性原则

幼儿的情绪有明显的易感染性，他们的情绪很容易受到周围人们的情绪，特别是受到老师和小伙伴的情绪的影响。因此，教师在与幼儿互动的过程中，要以快乐为主导情绪，以自己的快乐去感染幼儿，带动幼儿的情绪向积极的方向发展。

奥修（印度哲学家）曾说过：世间万物都是相互依存的，生命的整体是相互依存的，你使它快乐，它也使你快乐。确实是这样，在教师与幼儿互动的过程中，教师让幼儿快乐，幼儿也同样会让教师快乐。因此，幼儿教师应该具有让自己快乐和让幼儿快乐的意识与能力。

（三）发展性原则

我们提倡建立快乐的师幼互动关系，但并不是将快乐当作师幼互动的唯一目的。师幼互动除了要给幼儿带来快乐外，还要促进幼儿的发展。如果师幼互动仅仅是为快乐而快乐，那将是教师的失职，教师的责任是让幼儿在快乐中成长，而绝不仅仅是在快乐中快乐。

二、建立快乐互动关系的技巧

（一）注意快乐资源的积累

为了能给师幼带来更多的快乐，幼儿教师平时要注意快乐资源的积累，这些快乐资源包括快乐的性格、快乐的心态、快乐的技能等。

1. 要有游戏的心态和游戏精神

游戏是幼儿的一种生活和生存方式。在幼儿眼里，什么都是可以游戏的。他们的生活充满了游戏，他们往往以游戏的心态来对待所面临的一切，包括他们的生活、学习和思维，他们做事时常以游戏的方式来展开。因此，教师必须有游戏的心态才能融入幼儿的生活，和他们一起获得快乐。

案例 6-1　和幼儿玩，你才算得上是他们的朋友

孩子们上了中班时，慢慢有了自己的好朋友。有一次户外活动时，小蓉蓉跑来问我："蒋老师，你有没有好朋友啊？你的好朋友是谁啊？"我笑着回答道："我的好朋友是你们啊！"忽然骁骁大声说道："老师是老师，老师不是朋友。要是朋友，你为什么不和我们荡秋千、玩攀岩啊？""对啊，为什么呢？"小朋友们议论起来，我一时不知如何是好。这时张铭哲跑来拉我的手，说道:"老师,我们一起去玩滑梯吧!"说完,他不由分说地拉我来到滑梯前,看着张铭哲期盼的眼神,我"勇敢"地用手抓住了滑梯,虽然看起来我的身体和幼稚的滑梯是那么不搭调,但是看到小朋友们高兴的样子,我感到很幸福,因为我在他们心中不再是那个遥不可及的老师,而是变成了他们中的一员,是他们可以信赖的朋友。那次活动后,我和小朋友们的心走得更近了,他们和我的感情更深了。于是,我常常以朋友的身份和他们交流,引导他们正确地和朋友相处,在一次次的感情交流活动中,使他们萌发爱的情感,认识朋友之间的友爱。

小朋友们愿意把我当成他们的大朋友,和我一起玩,与我分享他们的小秘密。有时他们会突然走到我身旁,在我身上挠痒痒,又嬉笑着跑开。有时,他们会悄悄地走到我身后,蒙住我的眼睛,让我猜猜他是谁……

教师只有具有了游戏的心态和游戏的精神,才能融入幼儿的生活,才能和幼儿打成一片,才能在师幼互动中营造出一种快乐的氛围。

案例6-2 A方式与B方式

一天上午,老师领着一群孩子往活动室走。刚到拐角处,孩子们突然不见了。正当老师纳闷之际,一群孩子"嚯"的一声又出现了,他们的小手有的扮成手枪状,有的握成了冲锋枪,对着老师"哒——哒——哒……"地"扫射"。

以下是老师的两种反应方式:

A方式

老师严厉地对小朋友们说:"你们太不像话了,怎么能向老师开枪呢!"兴奋的小朋友们全部哑然,表情木然地站着。

B方式

老师"哇"地叫了一声,并在挣扎中倒下。这时,孩子们高兴得蹦跳起来,高呼:"我们胜利喽!哦——我们胜利喽!"

你选择 A 方式还是 B 方式？

在 A 方式中，老师没有游戏心态和游戏精神，无法融入幼儿的生活，无法和孩子们一起获得快乐。

在 B 方式中，老师具有游戏心态和游戏精神，能融入幼儿的生活，和孩子们一起获得快乐。小朋友们平时一定很喜欢 B 方式中的老师，他们能从与这种老师的互动中得到许多快乐。

黄进曾做过这样的调查：让幼儿园里的孩子画出自己最喜欢的游戏。调查结果显示：在收集到的三百多幅作品中竟然没有一个教师的形象，出现得最多的是他们自己和小伙伴，除此之外还有父母甚至宠物。也许这个结果可以有好几种解释，但至少能够让幼儿教师充分意识到：我们没有做好孩子的玩伴。

许多教师平时过于在乎自己的"知识传授者"角色，只关注幼儿学到什么、会做什么，很少去研究如何做好孩子们的玩伴。他们是高高在上的知识传授者，不关注孩子们的快乐，不在乎孩子们的快乐，因此，孩子们不欢迎他们，孩子们跟他们在一起学习和生活会感觉到索然无味。

2. 掌握一些简单的快乐互动的资源

如果掌握了丰富的简单的快乐互动资源，那么，幼儿教师就可以随时随地与孩子们互动。

（1）掌握 60 个快乐小游戏。

幼儿教师应该掌握小班、中班、大班各 20 个不需要特别场地和材料的小游戏，随时随地与孩子们玩耍。这些游戏能让幼儿百玩不厌，经常玩这类游戏，有利于制造班级愉快的氛围，教师和幼儿同玩，其乐融融。

游戏 1　我们都是木娃娃

游戏儿歌

我们都是木娃娃，一不许哭，二不许笑，三不许露出大门牙。

游戏玩法和规则

幼儿齐念儿歌，儿歌念完以后，教师做出各种滑稽的表情或动作，尽量地逗幼儿笑，幼儿坚持10秒不笑者为胜。

游戏2 种豆豆

游戏儿歌

种豆豆，种豆豆，豆豆熟了我就收。

游戏玩法和规则

幼儿两人一组，一人伸出食指扮演种豆人，一人打开手掌扮收豆人。游戏开始，两人共念儿歌，种豆人用食指有节奏地在收豆人手掌上种豆。当儿歌念完以后，收豆人的手掌立刻合上，去抓种豆人的手指，种豆人的手指要赶紧缩回来。如果种豆人的手指被抓住了，算收豆人赢；没有抓住，算种豆人赢。念到"收"的时候，种豆人的手才能收回，收豆人的手才能抓。

游戏3 嘴巴手指不一样

游戏玩法和规则

幼儿和教师一起边拍手边说："嘴巴手指不一样！"教师任意说一个数字，如"3"，幼儿要一边说"3"，一边用手做其他数字的动作，即幼儿说出的数字和手指表示的不能一样。如果说的和做的是一样的，就要接受惩罚。

游戏4 说的和做的不一样

游戏玩法和规则

幼儿和教师一起边拍手边说："说的和做的不一样！"教师从"左""右""上""下""前""后"中任意说一字，如"左"，幼儿要一边说"左"，一边用手指向"非左方向"，即幼儿说出的字和手指指向的方向不能一样。如果说的和做的是一样的，就要接受惩罚。

（2）掌握60个幽默小故事。

幼儿教师应该掌握小班、中班、大班幼儿能听懂的各20个幽默小故事，这样教师随时随地能给孩子们带来无穷的想象和快乐。

……

教师还可以积累30个小魔术、30个快乐小舞蹈、30首快乐歌曲、30种快乐表情、30种快乐身体语言等，随着快乐资源的积累，快乐的资源丰富了，教师就可以随时随地给孩子们带来快乐。

平时教师要有快乐的意识，还要有收集和积累快乐互动资源的意识，不断地丰富和充实自己的快乐互动资源库，让师幼互动更富有乐趣，更有利于幼儿的健康发展。

（二）以符合幼儿需要的方式来开展各项教育活动

教育活动是幼儿在园参加的各种活动的总和。为了增加师幼互动的快乐，各项教育活动都应该以符合幼儿需要的方式来开展，这样各项教育活动才能真正成为师幼快乐互动的平台。

在幼儿园里我们可以经常看到如下漠视幼儿需要的现象。

在教师带领幼儿进行的半日活动中，一名幼儿哭了5次，教师只是简单地去平息，而不去了解其哭泣的心理诉求。另一名幼儿在一次教学活动中举了6次手，教师却视而不见，只顾按程序完成自己的教学计划，对幼儿的需要没有引起应有的注意，甚至漠然视之。

导致幼儿的需要得不到适当关照的主要原因如下：

• 教师将知识技能的传授当作幼儿教育的唯一任务。受此观念影响，教师们为了达到传授知识技能的目的，不顾幼儿是否需要，不顾幼儿的情感体验。

• 传统幼儿教育的缺陷。受传统教育的影响，幼儿教师只具备传授知识的技能，而普遍缺乏关照幼儿各项需要的意识和技能。幼儿教师只会按照学科或领域来建构幼儿园课程体系，而无法以幼儿的需要为线索建构幼儿园课程。

- 课程建构理论的缺陷。幼儿园课程体系一般都是以知识技能的内在逻辑来建构它的体系，幼儿的需要在其中没有受到应有的关注。
- 家长的价值取向的影响。很多家长送孩子到幼儿园基本上是以知识技能为价值取向的。这无形中给以知识技能为主导的幼儿园课程火上浇油。幼儿园兴趣班开设得那么多，主要原因还是家长和幼儿园方面的"兴趣"，而不是出于幼儿内心需要的真正兴趣。
- 传统社会是成人主导的社会。受这种意识观念的影响，幼儿在幼儿园里也总是处于服从地位，他们往往被认为无知无能，不值得重视，甚至不值得尊重。因此，幼儿的需要往往是被忽视的。
- 把满足幼儿的需要仅仅当作手段，而没有将其也当作目的。因此，在保教工作中只重视它的"被利用价值"，而忽视了它本身的"目的价值"。受此观念的影响，在保教工作中，幼儿的需要总是被有意无意地忽视。其实，需要的满足本身就有价值，它就是教育的目的之一。

为了让师幼互动给幼儿带来更多的快乐，在各项教育活动中，教师要充分地关照幼儿的各种需要。

1. 以幼儿的需要为逻辑起点建构教育活动

以幼儿的需要为逻辑起点建构幼儿园的各项教育活动，应该关注如下观点和要求。

（1）幼儿的需要是幼儿园教育活动的出发点和归宿。

（2）在幼儿园教育活动的每个环节中都要考虑如何更好地关照每个幼儿的需要。

（3）幼儿园教育活动的内容必须以符合幼儿需要的方式来设计，才能被幼儿发自内心地、愉快地接受，也只有这样的教育对幼儿的发展才是有效的、积极的。知识技能如果以违背幼儿需要的方式来安置，就算能让幼儿学会一些知识技能，也只会给幼儿的身心带来消极的影响。

（4）幼儿园教育活动目标、幼儿园教育活动内容、幼儿园教育活动实施方法和手段、幼儿园教育活动组织形式等都必须充分关照每个幼儿的需要。

（5）符合幼儿需要的教育活动才能激起幼儿活动的内在动机，幼儿在其中才是主动的参与者。在主动参与的过程中，幼儿的主体性才能得到发展和发挥，教育活动对幼儿发展的影响才是持久的、长远的。

（6）每个幼儿都是重要的。每个幼儿的需要都同等重要，每个幼儿的需要都值得关照。幼儿教育是关照一切幼儿的需要，而不是仅仅关照一部分幼儿的需要，要让每个幼儿都感觉到其需要是受到老师关照的。

（7）知识技能的掌握与幼儿需要的满足并非绝对的对立，有时它们也是可以统一的。

（8）生理需要、安全需要、关爱需要、尊重需要是幼儿在教育活动中的基本需要，在每次教育活动中都必须让每个幼儿感觉到这些需要得到了适度的关照。基本需要没有得到充分的关照，其他需要的满足就无从谈起。

2. 关照幼儿需要的教育活动建构技巧

（1）了解教育活动与幼儿需要满足的对应关系架构。

材料 各项教育活动与幼儿需要的满足关系表

教育方法 活动方式 活动内容	幼儿需要	生理需要	安全需要	归属需要	关爱需要	交往需要	尊重需要	自我表现需要	自由自主需要	成就需要
教学方法	1. 口述法	−	−	−	−	−	−	−	−	−
	2. 直观法	−	−	−	−	−	+	−	+	−
	3. 实际操作法	−	+	+	+	+!	+!	+!	+!	+!
活动方式	1. 教师指导下的学习活动法	−	+	+	+	+	+	+	+	+
	2. 独立活动法	+	+	+	−	+!	+!	+!	+!	+!
教学检查	1. 口头检查	−	−	−	−	−	−	+!	−	+!
	2. 技能检查	−	−	−	−	−	−	+!	−	+!

续表

教育方法 活动方式 活动内容	幼儿需要	生理需要	安全需要	归属需要	关爱需要	交往需要	尊重需要	自我表现需要	自由自主需要	成就需要
教育活动形式	1. 集体教学活动	－	－	＋	－	＋	－	－	－	－
	2. 小组活动	＋	＋	＋!	＋	＋!	＋	＋!	＋!	＋
	3. 个别活动	＋!	＋!	＋!	＋	＋!	＋!	＋!	＋!	＋!
教育活动内容或领域	1. 艺术教育活动	－	＋	＋	＋	＋	＋	＋!	＋	＋!
	2. 健康教育活动	－	＋	＋	＋	＋	＋	＋!	＋	＋!
	3. 社会教育活动	－	＋	＋	＋	＋	＋	＋!	＋	＋!
	4. 语言教育活动	－	＋	＋	＋	＋	＋	＋!	＋	＋!
	5. 科学教育活动	－	＋!	＋!	＋	＋!	＋!	＋!	＋!	＋!
	6. 游戏活动	－	－	－	－	－	－	＋!	－	＋!
	7. 节日活动	＋!	＋	＋	＋!	＋!	＋	＋!	＋	＋!
	8. 生活活动	＋	＋!	＋!	＋!	＋!	＋	＋	＋	＋
	9. 来园活动									
	10. 离园活动	＋	＋!	＋!	＋!	＋!	＋	＋	＋	＋

注：符号"＋!"指满足该需要很有效；符号"＋"指满足该需要基本有效；符号"－"指很难满足该需要。

从上表来看，不同的教育活动、教育方法、教育组织形式，在满足幼儿的需要方面都有不同的优势和劣势，这提醒我们在组织相关教育活动和使用各种不同的教育方法时，要注意充分发挥各自在满足幼儿需要方面的优势，努力避免其劣势，使教育活动能更好地满足幼儿的需要，进而促进幼儿更好地发展。

（2）以幼儿的需要为出发点和归宿设计教育活动。

设计幼儿园教育活动时，要考虑如何更好地在关照幼儿各种需要的基础上促进幼儿的发展——发展幼儿的良好个性，培养幼儿的良好态度，促进幼儿对知识技能的掌握。为此，教师在设计幼儿园教育活动时应该考虑如下几个问题。

• 本次教育活动是基于幼儿的哪些需要而设计的？理由是什么？

• 本次教育活动的目标、活动的内容如何体现幼儿的需要？

• 本次教育活动的手段、活动的方法、活动的组织方式如何有效地关照每个幼儿的各种需要？

• 本次教育活动对幼儿需要的关照方式是保护、激发、引导、促进、拒绝还是利用？

• 本次教育活动中教师准备通过哪些具体的言行来表达对幼儿需要的关照？

（3）以关照幼儿的需要来组织教育活动的实施。

在组织实施教育活动的过程中，教师应该思考以下几个问题。

• 在教育活动过程的每个环节中，每个幼儿的需要是否都得到了适当的关照？

• 在教育活动过程中幼儿通过哪些言行表现出哪些新的需要？正在进行之中的教育活动如何有效地应对幼儿的这些新的需要？

（4）基于幼儿需要的教育活动后反思。

教育活动结束后，教师应从幼儿需要的角度来对整个教育活动进行反思，应该认真反思以下的问题。

• 本次教育活动中，在哪个环节幼儿最快乐或者最不快乐？从幼儿需要的角度谈谈其中的原因。

• 本次教育活动中，哪些幼儿最快乐？哪些幼儿最不快乐？从幼儿需要的角度谈谈其中的原因。

• 你考虑如何给那些因需要得不到满足而不快乐的幼儿以相应的弥补？

●本次教育活动中，幼儿的哪些需要得到了最充分的满足？哪些需要被忽视了？原因是什么？

●幼儿在本次教育活动中表现出来的需要，特别是新的需要，对设计和组织今后的教育活动有何启示？在今后的教育活动中你将如何更好地满足幼儿的需要？

如果我们能不断地从幼儿需要的角度对幼儿教育活动进行反思，那么，各种教育活动就能以更加符合幼儿需要的方式来展开，教育活动中的师幼互动就能给幼儿带来更多的快乐。

三、综合实训

实训 6-1 有趣的点名活动

每次点名，总是有孩子交头接耳，窃窃私语。偶尔有一次点名时，东东学动画片《天线宝宝》中的话响亮地回答："啊嗷！"然后他用诡秘的眼光看着老师，小朋友们的目光马上都投注到他身上。当时，我有些生气，可又觉得孩子的样子挺可爱，所以继续点名。晚上，我认真思考：多年来我们一成不变的点名方式到底能给小朋友们带来什么？难道仅仅是为了统计一下人数？是否可以改变一下点名的方式，让孩子用自己喜欢的方式来表达自己，让孩子在每一天的开始就敞开心扉，感受到被关注的快乐？

第二天点名的时候，我向小朋友们郑重宣布："从今天开始，点名的时候，你们可以像东东那样答到，也可以用更加丰富多样的方式来表现自己。"小朋友们马上坐好，等待点名。"刘一珂。""喳！"同时附带着表演。"钟亚林。""嗨！"声音拉着长调。"祁嘉禾。"祁嘉禾竟学着老虎的样子"啊呜"一声。而于越小朋友用英语风趣地回答。每个小朋友答完到后，都为大家带来了开心的笑声，但每次笑过之后，小朋友们会很快安静下来，等着点下一个小朋友的名字。

教师应该努力挖掘日常生活中的各种可供孩子们自我表现的机会,这不仅可以满足幼儿自我表现的需要,而且可以增进幼儿之间的相互了解并促进幼儿胆量、表演才能的发展,还可以增加师幼互动的乐趣。

点名时幼儿回应的有趣方式还有以下几种。

(1)模仿动物叫声:点名之前,教师戴上鸭妈妈的头饰,告诉幼儿老师是鸭妈妈,他们都是鸭宝宝。教师点到谁的名字,谁就叫一声:"嘎。"

(2)摆造型点名:教师点到谁的名字,谁就站起来摆一个造型,看谁的造型最酷。如摆出铠甲勇士向怪兽宣战的造型,摆出巴拉拉小魔仙的造型,或者摆出一副可爱的笑脸……

(3)模仿小动物的动作:被点到名字的幼儿,模仿自己喜欢的小动物走、跑、跳等,其他幼儿可以猜猜是什么动物。

(4)用嘴型提示幼儿:教师点名时不出声,而是用"嘴型"来点名。幼儿接触到这种新方法会特别喜欢,他们生怕看不清楚老师的提示,在点名环节中会把注意力始终集中在老师的身上,不仅注意了自己的名字,而且关注了同伴。这种方法的优点是能够培养幼儿细致的观察能力。

(5)围圆圈点名游戏:在晨谈过程中,教师可让幼儿围坐成一个大圆圈,然后用清晰、温柔的声音说:"××你在哪里?"这种刻意寻找的语气能使幼儿感受到教师在关注他们,因此,他们也会好好地表现自己的存在,大声地回答:"老师,我在这里。"这时教师就冲他们微微一笑、点点头,伸出手摸摸他们的头,并根据本班幼儿的性格、能力、爱好特点等提出各种问题。如:"今天早饭吃了什么?""谁送你到幼儿园的?""有没有要妈妈抱呀?""你喜欢哪些动物?""昨天老师给你讲了什么故事?"等等。

这种点名配以询问、抚摸等,使整个点名过程活泼亲切,让幼儿感受到老师对他们的喜爱,由此对老师产生一种亲近感,从而为幼儿愉快地度过在园的一日生活奠定了良好的心理基础。

实训 6-2　睡觉也不脱袜子的康康

康康妈妈说:"天气变冷了,孩子却怎么也不肯穿袜子。我非要帮他穿上不可,要不然受凉就糟糕了,可他哭个不停,并且反复说'真烦人!'。"

妈妈走后,康康依然哭个不停,我问:"康康,你为什么哭呀?"康康没有回答,却央求我:"潘老师,中午睡觉时,我不要脱袜子,行吗?"我问:"为什么?"康康答道:"袜子脱下来,会弄丢的。"

我安慰康康说:"袜子不会弄丢的,我会给你保管好的。"不管我怎么说,康康就是不肯停止哭闹。

最后康康又央求我:"潘老师,我不会穿袜子,你能帮我穿吗?"我爽快地答应了,康康终于停止了哭闹。我终于明白了,康康哭闹是因为他不会穿袜子。

教师向幼儿提出超乎其能力的要求会让幼儿感到不安。因此,教师平时向幼儿提出要求时,一定要思考该要求是不是幼儿力所能及的,否则,幼儿就会处于长久的不安之中。

实训 6-3　老师咆哮的后果

有一天早点是豆浆和面包,小朋友们吃完早点,李老师收拾餐具时发现,叠起来的碗中有一个碗溢出了许多豆浆——满满的一碗豆浆没喝就和空碗放在了一起。李老师端起剩下的豆浆,很生气地问小朋友们:"是谁还没喝完豆浆就放到这里了?"小朋友们看见李老师生气的样子,个个都说:"不是我,不是我干的……"无论李老师怎么问,小朋友们都是同一个答案"不是我干的"。李老师越来越生气,大声地吼道:"谁要是不承认,那么,以后全班都不要吃早餐了!"小朋友们被吓得连大气都不敢出,这件事最后不了了之。

咆哮、生气、发怒只能让幼儿感到恐惧不安,而不能让他们承认错误,更不能让他们改正错误，相反还让他们学会了隐瞒错误，久而久之幼儿就会变得不诚实。

实训 6-4　可怕的红椅子

刚刚上课开始，教师就对小朋友们说："等一下，如果哪一位小朋友上课不认真听课，就坐到门口那张红椅子上去。你们听清楚了没有？"顿时，小朋友们的说话声、笑声全都停了下来。是什么使小朋友们在这么短的时间内全都安静下来了呢？原来小朋友们都非常害怕坐到那张红椅子上去，因为老师说过，谁坐那张红椅子，谁就是坏孩子。

教师陈述设置红椅子的理由是"不能因为一个幼儿而影响整个班级的教学任务和教学质量"，但不能否认的是：具有如此特殊功能的椅子会给小朋友们的心理造成巨大的压力，会令他们在整个教育活动中都感到忧虑和不安。

实训 6-5　有爱在，明天就值得期待

豆豆是三代单传的宝贝，在家里是说一不二的"小皇帝"。入园后，由于不适应新环境，他表现出特殊的分离焦虑——每天对送他来园的父母又打又咬，还抓破了来抱他的老师的手。老师并没有对豆豆的过激行为提出批评，只是说："我的手破了，好疼啊！我知道豆豆不是故意的，你能给我吹吹吗？"尽管豆豆没有表现出很关心的样子，但他还是对着老师的手吹了几下。

在以后的几天里，老师在离园时总要抱抱豆豆，悄悄地对他说："我喜欢你，明天早上我等你来幼儿园哦。"

渐渐地，豆豆喜欢上了幼儿园。每天早上豆豆一起床就催着妈妈快点把他送去幼儿园。

有爱在，幼儿园就会成为幼儿向往的地方。

为了让幼儿对幼儿园明天的生活有所期待，在幼儿离园前，教师除了要做好幼儿仪表的整理工作,还要准备一些小星星、小红花、小食品等,对幼儿好的行为进行"物质"或"精神"奖励。另外,教师还应该在幼儿离园时,根据第二天的教育活动计划,大声地对幼儿提出对其第二天的期待——教师期待着幼儿来幼儿园一起活动,期待着幼儿来为班级活动做贡献。在和每个幼儿道别时,教师不妨深情地对他说"老师喜欢你,明天早上等你来幼儿园!",并配以一些亲热的动作和表情,这样,幼儿对来幼儿园就会有一种积极向往的心情。

实训 6-6 拥抱会让孩子心满意足

我在幼儿园见习时曾听到一位教师介绍,她为班上的孩子设计了这样一个游戏:她告诉小朋友们,他们和老师有一个特别的游戏。如果哪位小朋友需要别人抱抱心里才好过,只要冲到老师的面前说"老师,今天你抱过我了吗?",老师就会伸出双手抱住他。大家紧紧拥抱着对方,心里一起数数:"1,2,3……"这位老师还说:每次小朋友离开她的怀抱,都是心满意足的。

幼儿需要教师亲密的拥抱,这样可以让幼儿感觉到教师的关爱,进而感受到幼儿园的温暖。

教师适当的肢体语言让幼儿感觉到教师对他们的爱。教师可以通过如下肢体语言体现对孩子的爱和热情:眨眨眼,相互击掌,轻轻捏一下肩膀,轻轻拍一下头,点点头,竖大拇指,会心的微笑。

实训 6-7 看破红尘的小君

访谈者:"刚才小米拉你的玩具,你为什么那么大声地哭?"

小君:"他要抢我的链子,那是我一个一个连起来的。"

访谈者:"那你觉得哭能帮你把链子要回来吗?"

小君:"我哭了,老师就会帮助我。"

访谈者:"老师没帮你,你知道是为什么吗?"

小君:"我知道,李老师不喜欢我。我也不喜欢她。"

小君的话语中透露出对教师关爱的渴望和得不到关爱的失望与无奈。

教师在与幼儿互动的过程中,应该准确地向幼儿表达自己的爱——自己不喜欢的是幼儿的某一种行为,而不是幼儿本人。这一点一定要铭记在心中。另外,不管教师有多少理由,对幼儿的求助都不应该表现出冷漠,否则,将会影响幼儿的健康发展。

实训6-8 小晖,难道你不想做"饺子"吗?

建构活动准备开始了,教师问幼儿:"我们今天来用橡皮泥做'饺子',好不好?"小朋友们回答:"好——"只有小晖大声说:"我想做机器人。"周围的几个男孩也纷纷响应:"我们也想做机器人。"教师盯着小晖问:"小晖,难道你不想做'饺子'吗?"小晖看看老师,又看看其他小朋友,小声地说:"想。"其他几个男孩也不再吱声。

孩子真正的意愿是其在没有压力时所表达的意愿,而后来教师通过眼神和具有威胁性的语言让孩子口是心非,这不仅是对幼儿的不尊重,而且会让幼儿学会说谎——心里不"想",嘴上却说"想"。

游戏最重要的特点之一就是自主性,如果在游戏中做什么、不做什么是由教师定的,那么,幼儿的游戏将不是游戏,而变成了完成老师的任务。

实训6-9 能够"坚守岗位"的丁叮

玩角色游戏时,丁叮选择了"医院"游戏。老师觉得丁叮有些调皮,自控能力差,便动员丁叮负责"挂号"的工作。丁叮不愿意,老师就吼道:"不当'挂号员',你就什么都不要玩了。"丁叮很无奈地去当了"挂号员"。由于很少有"病人"来挂号看病,丁叮很郁闷地坚守着岗位……

游戏评价时,老师特意表扬丁叮能够"坚守岗位"。

真正意义上的游戏，必须是幼儿自由选择（内容和角色）、自愿参与的结果，而不是教师安排的结果。

实训 6-10　小朋友们不想只当听众

在中班的看图讲述活动中，30多个孩子分成两排坐着。一个孩子站着讲，讲得断断续续的，老师一会儿提醒他注意观察图片，一会儿给他示范发音。其他的孩子已经不耐烦了，有东张西望的，有玩手绢的，有交头接耳的……"说什么呢？好好听别人讲！"发言的小朋友讲完坐下了，大家似乎兴奋了起来。"老师，叫我！""叫我！"……"刚才谁好好听了，我才会叫他。不好好听的我不叫！红红，你来说！"

随着新的讲述开始，多数小朋友又回到了游离状态中……

小朋友们为什么会反复地处于游离状态？其主要原因就是绝大多数幼儿只能当"听众"——只能听别人讲，而他们的自我表现需要没有得到应有的关照。

幼儿是好表现的。幼儿在日常学习中不管看到什么新的事物或者学到什么新的知识技能，都很想马上让人知道，以获得别人的肯定与赞赏，进而获得心理上的满足。在幼儿园里，幼儿也大多是积极要求表现自我的。为了回答老师的提问或扮演一个角色，他们总是把手举得高高的，有时还站起来不停地高喊："老师，叫我！"如果老师还不理他们，他们就会采取进一步行动，如直接走到老师的跟前争取自我表现的机会。

实训 6-11　王老师，你真漂亮！

在幼儿园中班小朋友吃早餐时，老师要求幼儿吃完早餐后，把餐具放到老师指定的地方（教室前面的桌子上）。某幼儿端着小半碗牛奶，边喝边往教室前面的桌子走去，准备去放碗（当时老师站在教室的窗户旁边整理玩具），幼儿走到教室中间的时候对老师说道:"老师,你真漂亮!"当时幼儿与老师相距大约有3米远,幼儿的声音也很响亮,而老师并没有理会。幼儿又重复了两声,老师终于转过身来,严肃地说道:"你的牛奶喝完没有?喝完把碗放到前面的桌上去。"幼儿照老师的吩咐把碗放到了前面的桌上,静静地回到了自己的座位上。

当幼儿夸赞教师的时候,教师应该给予积极的回应:"谢谢!"同时教师也相应地夸一夸幼儿。这样,幼儿的热情才能不断循环。案例中教师冷漠地回应幼儿的热情,只能让幼儿变得冷漠,不敢在教师面前表现出热情。

【参考文献】

[1] 姚梅林.幼儿教育心理学[M].北京:高等教育出版社,2007:188.

[2] 高美娇.幼儿园课程实践研究[M].北京:新时代出版社,2004:21.

[3] 李季湄.幼儿教育学基础[M].北京:北京师范大学出版社,1999:99,122.

[4] 黄进.游戏者无为[J].幼儿教育:教育科学,2009(10):1.

[5] 郭亨贞.抑制与从众:儿童创造性毁灭的分析与反思[J].教育导刊(幼儿教育),2006(4):34-36.

[6] 周建芳.多变点名 其乐无穷[J].学前教育研究,2004(10):38.

[7] 潘毅碧.孩子的压力来自何方[J].教育导刊(幼儿教育),2004(Z1):87.

[8] 陈少敏.善于调整角色建立良好师幼关系[J].教育导刊(幼儿教育),2003(11):42-44.

第七章　应对师幼冲突的技巧

师幼冲突是指教师与幼儿察觉到彼此之间目标、观念、行为等的不一致性，因而引起双方内心的愤怒、不满、冷漠、不快等的情绪状态和遏止对方并实现自己目的的言语、行为等。师幼冲突包括师幼之间目标的不一致、各自的利益、感情上的敌意、观点上的异议以及相互干涉等与反干涉等，在幼儿园的各项教育活动中普遍存在。

如果师幼冲突没有得到有效的解决，那么它将给教师带来苦恼、难过甚至愤怒等消极情绪，甚至可能会让教师怀疑自己的保教工作能力，将降低教师的自我效能感，导致或增强幼儿教师的职业倦怠感。同时，师幼冲突没有得到有效的解决也会对幼儿产生消极影响，如使幼儿情绪抑郁并伴随有自责、内疚、羞怯的情绪体验，导致幼儿注意力分散、孤独，不想来幼儿园，失去参加相关的教育活动的积极性。

此外，师幼冲突的应对失当，往往会干扰各项教育活动的正常进行，扰乱教育活动正常的步调。因为教育活动中的冲突事件往往能够改变幼儿的注意方向，让幼儿的心思偏离正常的教育活动目标，进而影响教育活动目标的达成。

我们要认真研究师幼冲突的原因、特点和规律，并掌握有效应对师幼冲突的技巧，进而促进幼儿教师的专业化发展，提高其职业幸福感，同时促进幼儿的健康发展。

一、应对师幼冲突的条件

教师应对师幼冲突应首先认识到以下六个方面。

（一）师幼冲突的存在有其必然性

因为涉事双方所扮演的社会角色不同、经验背景不同、身心特点不同，所以师幼冲突的发生是必然的。

一般而言，当师幼之间具备如下三个条件，师幼冲突就有可能从可能性存在转化为现实性存在。

条件一，师幼差异。

条件二，幼儿的主体地位与主体意识的确立。

条件三，幼儿对师幼之间已经建立起来的关系的合理性和合法性表示质疑并发起反抗。

师幼差异是一种客观存在。教师作为社会和教育的代言人，往往用整体规范来要求幼儿，而幼儿则是与整体相对的个人，在个性表现上千差万别。教师作为施教者处于"上位"，是起支配作用的，而幼儿作为受教育者则处于"下位"，是从属的。教师传授过去的经验，而幼儿关心的是"当下"，是此刻能否有愉悦的体验。教师和幼儿的这些差异使师幼在教育活动中不可避免地存在着分歧、对抗与冲突。

随着年龄的增长，幼儿的主体意识、质疑能力和勇气会不断增长。主体意识、质疑能力和勇气本身就是教育所追求的目标。

因此，师幼冲突的发生是一种必然，我们不可能消除师幼冲突。只要发生师幼冲突的条件存在，它总是会发生的。我们应该心平气和地接受师幼冲突，并且努力通过师幼冲突来有效地促进幼儿的发展，促进自己专业水平的提高。

师幼差异是师幼冲突产生的前提条件，但并不是必要条件。如果幼儿的主体地位和主体意识没有得到保障，那么，师幼差异构成师幼冲突这一问题，基本上也就无从谈起了。因为，如果幼儿根本没有被赋予主体地位，或者幼儿根本就没有意识到自己的主体地位和自由选择、自我设计的权利，没有把自己不同于教师的价值目标取向作为"我"的目标而加以坚持和追求，那么幼儿可能就根本不会站出来为维护自己的目标价值定位去和教师抗争，而是会毫无保留地接受教师强加给他们的价值目标取向。

(二) 师幼冲突是一种教育资源

一般人们认为师幼冲突是一种不正常的现象，具有危害性，应该杜绝、避免、预防与控制。但我们认为，师幼冲突是一种教育资源，是一种可以利用来促进幼儿身心发展和教师专业成长的资源。

师幼冲突有利于幼儿对自己作为一个社会人有更加清晰的认识，有利于其社会性的发展，有利于他们更好地适应社会发展的要求。师幼冲突为教师反思和改善自己的教育行为提供了契机。

因此，我们要做的不是杜绝、避免、预防与控制师幼冲突的发生，而是利用师幼冲突更好地促进幼儿的健康发展和教师的专业成长，甚至在某些时候，还应该根据教育的需要创造机会让师幼产生一定的冲突。

另外，师幼冲突具有心理安全阀的功能。师幼冲突给师幼之间的敌意和不同意见提供了发泄的渠道，这样有利于师幼释放心中的负能量，有利于师幼的心理健康，同时，通过释放被封闭的敌对情绪，师幼冲突让冲突双方有了了解对方的机会，能起到维护正常的良好的师幼关系的作用。

(三) 正确认识师幼冲突的原因

师幼冲突的当事方有教师和幼儿，因此师幼冲突的原因，一是来自教师，二是来自幼儿，当然也有可能同时来自双方。

一般而言，随着幼儿年龄的增长，其社会适应性发展得越来越好，由其非理性因素所引发的师幼冲突越来越少，而由其自主意识和自主性发展所引发的师幼冲突则越来越多，因为其维权意识、交流意识越来越强。随着幼儿教师专业素养的提高，由其非理性的、不符合现代教育发展要求的因素所引发的师幼冲突会越来越少。

师幼冲突在某个班里很少发生的可能解释有：第一，教师不在意幼儿的无理要求和表现；第二，幼儿的无理要求减少了；第三，教师专业水平高，教师的无理要求减少了；四是，幼儿缺乏自主意识和维权意识，懦弱，对于教师的要求，无论合理与否，他们通通接受，因此根本就不会跟教师发生冲突；第五，随着教师教育经验的积累，教师能将理论知识游刃有余、恰到好处地运用到实践中去，并能运用积累的经验和知识解决教育教学工作中遇到的问题，体现出较高的教育机智，这样，教师能运用教育机智巧妙地应对师幼冲突，大大地降低了师幼冲突恶化为激烈的、具有负面影响的冲突的概率。

师幼冲突在某个班里经常发生的可能解释有：第一，教师很在意幼儿的无理要求和表现；第二，幼儿的无理要求太多；第三，教师专业水平低，对幼儿的无理要求太多；第四，幼儿的自主意识和维权意识增强了，变得勇敢了。

因此，我们不能以师幼冲突的多与少来评价幼儿教育的质量，也不能用它来评价幼儿发展水平和教师专业素养的发展水平。

（四）正确认识隐性师幼冲突与显性师幼冲突

隐性师幼冲突是指教师与幼儿察觉到彼此之间在目标、观念、行为等方面的不一致性，因而引起双方内心的愤怒、不满、冷漠、不快等的情绪状态，而未表现出显性的语言（口头语言和肢体语言）和行为上的冲突的状态。一方的愤怒、不满、冷漠、不快等只是处于隐性状态，并未被相关方察觉。

显性师幼冲突是指教师与幼儿察觉到彼此之间在目标、观念、行为等方面的不一致性，因而引起双方以遏止对方并实现自己目的的显性的语言（口头语言和肢体语言）和行为的冲突状态。

有些教师认为隐性师幼冲突比显性师幼冲突好，他们主张努力将师幼冲突消灭在萌芽状态，即将师幼冲突消灭在隐性冲突状态。我们不同意这样的观点。因为没有显性师幼冲突不等于没有冲突，面对冲突生闷气，只会压抑自己；而不敢直面冲突，不仅不利于冲突的真正解决，也不利于冲突双方的发展与成长，更不利于双方的身心健康。

因此，面对可能发生的冲突，师幼应该做的不是避免冲突的发生，而是如何有效地解决冲突，进而促进冲突双方的健康成长。

（五）正确认识应对师幼冲突的目的

应对师幼冲突的目的不是为了避免、消除师幼冲突的发生，而是让师幼冲突更加有利于幼儿的健康成长，更加有利于幼儿教师的专业成长。许多时候，师幼冲突减少或者消失了，并不见得有利于幼儿的健康发展——比如，幼儿采取了压抑自己的方式来参与师幼互动，这样，师幼冲突就很少发生，特别是那些显性师幼冲突就更少发生，但付出的代价是幼儿形成了压抑自己的习惯。

因此，我们对师幼冲突的目的要有一个正确的认识，否则就会误导幼儿的发展。

（六）正确认识教师在应对师幼冲突中的角色

为了更好地发挥师幼冲突的积极作用，幼儿教师应该明确自己在师幼冲突中所扮演的角色。在师幼冲突过程中，教师主要扮演如下两种角色。

1. 用心的倾听者

当幼儿教师与幼儿在一些问题上发生分歧时，不要粗暴地打断幼儿的话，也不要先入为主地指责幼儿"不听话"，更不要武断地强迫幼儿遵从教师，而要耐心地倾听幼儿的心声，给幼儿申诉的权利和机会。教师要做一个最能理解幼儿的听众，待幼儿发表完自己的看法后，再心平气和地把自己的想法全盘托出，和幼儿交流，允许幼儿有求异思维。当幼儿的意见确实正确时，教师应给予幼儿表扬和肯定。不要认为自己的权威受到挑衅。其实给幼儿一个机会，何尝不是给自己一个机会呢？

2. 正确的引领者

在师幼冲突的过程中，教师不应是简单的师幼冲突的"终结者"，而应是师幼冲突正确发展方向的引领者。在冲突的过程中，教师不要忘记自己的责任，要努力将师幼冲突引向有利于幼儿健康发展的方向。在应对师幼冲突的过程中，教师要让幼儿的合理需要得到满足，让幼儿的正确认识得到肯定；让幼儿的不合理需要得到正确的引导，让幼儿的错误认识得到矫正。在师幼冲突中，教师不要以自己的优势地位来压服幼儿，而要以理服人，让幼儿知道教师是讲道理的，进而让幼儿在处理与他人的冲突时也讲道理。在应对师幼冲突的过程中，绝对不允许出现有损幼儿身心健康的事情。

二、应对师幼冲突的程序与技巧

（一）潜藏阶段及应对技巧

由于师幼双方在社会角色与责任、经验与背景方面的不同，双方都是独立的主体，都有主体意识，都有自己的价值观和行事方式，所以冲突的可能性一直存在着，只是缺乏相应的条件和机会，它们还处于潜伏阶段。

师幼冲突是必然存在的，但并不是所有的师幼冲突对幼儿的发展和教师的专业成长都是有益的。教师应树立正确的幼儿观、教育观、教师观，努力避免甚至消除因教师不合理的教育要求和教育措施而引发的师幼冲突，努力将这类师幼冲突消灭在萌芽状态。

（二）诊断师幼冲突的原因与性质

确定师幼冲突发生的原因是什么：冲突的主动方是谁——他因什么原因而引发冲突？冲突的被动方是谁——他为什么会与对方发生冲突？这样的冲突是正常的吗？冲突的主动方想达到什么目的？冲突的被动方又想达到什么目的？他们的目的是合理的吗？

（三）确定师幼冲突解决的目的

根据对冲突原因和性质的诊断，确定师幼冲突发展的方向：师幼双方，哪一方的期望和做法合理，就选择向哪一方偏移；或者，教师根据自己的专业理论和经验判断当前的师幼冲突可以作为促进幼儿向哪些方面发展的资源。

（四）确定应对师幼冲突的策略与技巧

根据师幼冲突的原因、性质和目的，考虑采取哪种方法应对师幼冲突。应对师幼冲突的策略与技巧主要有回避、妥协、合作、强制、克制等。

1. 回避策略与技巧

回避策略是一种消极的冲突处理方式，是当师幼双方处于消极情绪状态时，一方保持冷静，首先平息自己的消极情绪，主动避免和对方直接接触，以抑制、缓和和消解冲突的一种策略。对于突发性和一些继发性冲突，如果不是幼儿故意且不属于幼儿品质问题，那么教师可以采用宽容、包涵、大事化小、小事化了的态度来回避冲突。一些由于情绪、态度而造成的冲突可以拖延或干脆不解决，等冲突双方心情好了以后，有足够的时间来考虑谁对谁错的时候，冲突便会自然而然地解决。采用回避策略可以避免冲突问题的扩大化，有利于暂时缓和矛盾，但没有真正解决问题，长期使用效果不佳，还可能进一步激化冲突。教师面对师幼冲突时，在下列六种情况下可以使用回避策略：

（1）引发冲突的问题微不足道，有更重要的问题需要解决；

（2）教师达到自己目的的机会微乎其微；

（3）先使双方冷静下来，重新分析问题；

（4）掌握的资料、信息不全面，有待进一步了解；

（5）冲突以外的其他人有更有效的办法；

（6）处理这个冲突会引发更大的问题。

2. 妥协策略与技巧

妥协策略是建立在取舍的基础上的折中的应对师幼冲突的方式，师幼双方都做出一定的让步，使双方都得到满足又不能全部得到满足，以求得师幼冲突暂时解决的策略。这种策略适度地满足了教师的关心点和幼儿的关心点，通过一系列的谈判和让步避免双方陷入僵局，冲突的师幼双方都做出一定的让步，都得到一定的满足。虽然，妥协并不能使师幼双方达到最大程度的满意，但能缓解和暂时解决冲突，为进一步的合作创造了机会。教师面对师幼冲突时，在下列情况下可以运用妥协策略：

（1）当师幼双方各有道理而目标相互排斥时；

（2）幼儿的要求有充分的理由，且符合社会发展方向；

（3）当过分坚持有可能造成更大的损失时；

（4）当时间成为强大的压力时。

3. 合作策略与技巧

合作策略是在师幼具有高度的合作精神而又各自坚持自己立场的情况下采取的应对方法。合作即双方都主动做出不同程度的让步，在扩大双方共同成果和尊重双方愿望的基础上寻求双方都可以接受的方案，使双方的共同利益最大化。双方之间的谈判、协商是解决冲突的最佳方式。这种方式可以使双方都获得最高的满意度。它可以实现双赢结果：既坚持己见又与他人协作。这种策略能够引起师幼双方的积极情感和良好评价。但是，合作策略的使用是有前提条件的：认识到冲突是双方不可避免的共同问题；双方有足够的时间充分沟通，并相信对方；冲突双方认为彼此平等，应该获得平等待遇；冲突双方都积极理解对方的需求和观点，努力寻找"双赢"方案。师幼冲突的解决采用合作策略，需要具备下列条件：

（1）师幼双方都有解决问题的倾向，对事不对人；

（2）尊重差异，愿意分享对方的思考与观点；

（3）双方的利益都重要，努力寻求整合的结果；

（4）将冲突作为发展的机遇；

（5）师幼双方能够坐下来沟通交流。

4. 强制策略与技巧

强制策略指教师在冲突中寻求自身目标和利益的满足，而不考虑他人的影响，是一种非常强势的冲突处理方式。这种策略的合作倾向很少，教师主要是从全局利益考虑。强制策略带来的结果是一方输、一方赢。一般这种策略只在情况紧急，需要迅速果断地处理问题时使用，目的是防止师幼冲突失控和进一步扩大,把冲突的损失降到最小。常常是教师以自己的权力、地位、资源等优势向幼儿施加压力,迫使幼儿退让、放弃,从而解决冲突。在教育环境下,教师在处理冲突时可能会采用威胁等方式使幼儿服从。这种策略虽然可以产生立竿见影的效果,但难以使幼儿心悦诚服,不是解决师幼冲突的最佳方法。如果教师过多地采用强制策略将使幼儿产生心理压力,可能造成师幼关系紧张、对立,加深相互之间的矛盾,因此教师不到万不得已不要采取这种方式。教师面对师幼冲突时,在以下情况下可以采用强制策略:

(1) 面对紧急事件,必须采取快速的、决定性的行动;

(2) 考虑到多数幼儿的利益,教师确信自己是正确的;

(3) 当个别幼儿故意挑衅、无理取闹影响师幼正常的保教活动时;

(4) 当冲突的影响很大,为了减小损失、降低成本时。

5. 克制策略与技巧

克制策略代表一种具有合作精神且武断程度很低的应对方法,通常教师为长远利益考虑而换取幼儿的合作,有时甚至要屈服于幼儿。这种策略最受幼儿欢迎,但教师给幼儿的感觉可能是软弱、易屈服。教师面对师幼冲突时,在下列情况下可以使用克制策略:

(1) 教师发现自己有错误,愿意接受幼儿的批评和监督;

(2) 和谐与安定对双方和班级更重要;

(3) 冲突的议题对幼儿个人和幼儿集体都很重要,值得讨论和思考;

(4) 考虑长远工作,眼前暂时放弃争输赢;

(5) 将损失降到最小;

(6) 该问题对幼儿比对教师更重要。

(五) 采取行动

在应对师幼冲突时,教师应该遵循以下八个基本原则。

1. 发展性原则

应对师幼冲突的根本目的不是消除师幼冲突,而是让教师和幼儿在师幼冲突中都得到发展。在应对师幼冲突的过程中，教师的专业能力得到提升，幼儿的身心素质得到发展。

为此，在面对师幼冲突时，教师应该思考：如何做更有利于幼儿的发展？在应对师幼冲突后，教师应该反思：本次师幼冲突的化解为今后应对师幼冲突和自己的专业成长提供了哪些有益的经验？

2. 尊重性原则

不管由于何种原因而导致师幼冲突，在应对师幼冲突的过程中，教师都应该体现出对幼儿整体的尊重。当然，在这一过程中，教师也应该努力让幼儿学会尊重老师，让冲突在相互尊重的氛围下得到有效的解决。

3. 平等性原则

在师幼冲突及其化解的过程中，教师不应该以自己的优势地位尝试去压服幼儿，当然，也不应该让任何幼儿无理地压服教师，因为无论来自哪方的压服，都不利于幼儿的健康发展，也不利于教师的专业成长。

在应对师幼冲突的过程中，应该坚持以理服人，谁有理就听谁的，如何处理更加合理，就如何处理。也就是说，师幼冲突的化解服理不服人，师幼都应该服于理，而不是服于人。教师在幼儿面前要讲道理，幼儿在老师面前也要讲道理。

鼓励和增强幼儿对"不合理教育"的质疑意识和能力，是坚持平等性原则的又一项新的要求。

4. 主动性原则

教师的职责与师幼双方地位的差异决定了教师在冲突的沟通中应采取主动，这可以让幼儿感受到教师对他的关心，从而愿意进行交流，为沟通打下良好的基础。如果引发冲突的是教师的失误，就需要教师做积极的自我批评和反思。自我批评非但不会降低自己的权威，反而会提高教师在幼儿心目中的地位，获得幼儿的尊重和信任，为和谐的师幼关系塑造新的起点。教师的自我批评也会对幼儿产生潜移默化的影响，无形之中起到身教的作用。教师及时地进行自我反思，会认识到自己在教育理念、方法等方面的欠缺，从而努力地提高教育水平，加快专业化进程。

5. 适时性原则

师幼冲突发生后，教师要适时地与幼儿沟通交流，引导冲突向积极方向发展。如果时机未成熟，过早地与幼儿沟通交流，不易取得预期的教育效果；如果沟通交流过晚，幼儿和教师的负性情绪就得不到调节和梳理，可能会使不满更为严重，原本微不足道的冲突可能会升级为更严重的冲突，为下次更恶劣的冲突埋下隐患。

6. 真诚、公平的原则

师幼冲突发生后，师幼沟通交流的目的不是处理问题，而是通过冲突的解决促使幼儿更好地发展。因此，教师要以真诚的态度面对幼儿，把幼儿当作和自己一样的平等个体，这样幼儿才会有表达自己内心想法的勇气和欲望，才能保证沟通交流的真实性和有效性。在冲突发生后的沟通交流中，教师尤其要注意不能以权威者、领导者甚至是独裁者的身份出现，否则容易引起幼儿更严重的敌对情绪。教师应该以朋友的身份与幼儿沟通交流，沟通交流中要认真倾听和观察幼儿的言语和表情等，这样做在及时掌握其情绪变化的同时，也会使幼儿体会到教师的真诚以及对自己的尊重和期望，意识到自己应该怎么做。

7. 宽容性原则

有些教师将应对师幼冲突定性为与幼儿决胜败。这种"胜—败"的心理倾向使他们为了在师幼冲突中胜出而不择手段，他们认为："我决不能让幼儿占上风。""任何师幼冲突都必须以幼儿最终向老师赔礼道歉，保证不再重犯为结果。"他们把师幼冲突看成一场战争、一种竞争、一种你死我活的对抗。这种应对师幼冲突的方式，往往会使幼儿产生愤恨及强烈的敌意，对道歉认错敷衍了事，有时甚至变本加厉地故意捣乱。

师幼冲突是一种很正常的现象，冲突中往往师幼双方都有一定的责任和错误。如果错在幼儿一方，教师也不能带有偏见地看待幼儿，而应认为幼儿是向善的、可以教育的。教师要以宽容的心看待幼儿的思想和行为，挖掘其中的积极因素并加以引导、激励，以塑造其正确的、符合社会规范的思想和行为。

在师幼冲突过程中，教师要保持理性，千万不可以与幼儿斗气，教师要大度、宽宏大量，不管幼儿因何种原因（不管合理与否）与你有过冲突也不要不喜欢、讨厌甚至怨恨该幼儿。你如何对待幼儿，幼儿就会如何对待别人。

8. 合作、对话的原则

在应对师幼冲突过程中，师幼沟通交流的过程是双方对话、交流的过程，沟通交流的目的在于通过对话达成共识。对话是一种双向式或多向式的互动过程，而不是单向式的语言表达。在沟通过程中，教师要避免自己一味地发言或倾听，要适时地与幼儿进行对话、交流，双方在对话中交换意见、表达需要和感情。在了解到幼儿的真实想法后，教师在自我反思的基础上还要引导幼儿进行积极的反思。最后，在互相理解、谅解的基础上达成一致，以合作的方式协商解决冲突。

（六）反思

1. 明确积极师幼冲突与消极师幼冲突的特征

明确积极师幼冲突与消极师幼冲突的特征，有利于我们更好地进行师幼冲突后的反思。

（1）积极师幼冲突的特征。

积极师幼冲突具有如下六个特征。

①师幼冲突后，教师和幼儿彼此的了解和情感加深，积极互动增加。

②师幼冲突使冲突双方得以了解和明白相关问题，为今后同类问题的解决提供了借鉴。

③师幼冲突让教师和幼儿更加明确自己的目标和角色，自己能做和不能做的事情。

④在师幼冲突及其解决过程中，冲突双方获得了大家认同的价值观。

⑤在师幼冲突及其解决过程中，冲突双方进行了充分的沟通与交流，获

得了彼此交流的技巧。

⑥师幼冲突让冲突双方产生了有效的适应模式。

（2）消极师幼冲突的特征。

消极师幼冲突具有如下两个特征。

①冲突双方沟通减少。在冲突中和冲突后，冲突双方互不沟通，封闭信息。

②冲突中和冲突后产生敌意和攻击，并不断升级或激化。

2. 师幼冲突反思

师幼冲突过后，教师要对师幼冲突及时进行反思。教师在师幼冲突解决后进行反思是有效避免冲突的消极后果、总结经验、提炼教育机智的有效途径。教师的冲突反思是指教师在冲突发生后，对冲突的过程和处理策略再认识、再思考，总结出应对冲突的经验教训。在师幼冲突过程中，不同的教师会采取不同的措施，甚至同一个教师也会对不同的冲突采取不同的措施，适当的措施自然能够有效地解决冲突，促使幼儿客观地看待自己的行为，积极地改正并避免以后相同问题的再次发生。一个有效的措施能够增强教师的自我效能感，增强教师工作的积极性，丰富其教育机智，而且冲突过程中的有效沟通和交流能够促进良好师幼关系的构建。

一次失败的冲突的应对过程，往往会使幼儿产生局促、羞怯和内疚的感觉，也会降低教师的自我效能感，甚至会导致师幼关系的恶化。反思有利于教师总结正确措施和反省失当措施，当类似的冲突再次出现时，教师能有效地采取合适的应对策略。

在冲突后，教师可以通过以下四个步骤进行反思。

（1）举措是否合适。

冲突过程中的情绪会使人失去理智，对问题不能进行客观的思考，因此，在冲突解决后，要客观冷静地重新审视冲突过程，并对自己行为的正确与否做出判断，如："是否对幼儿的失当行为反应过激了？""是不是还有更有效的措施？""措施是否有失当之处？""措施中是否有可供今后借鉴使用的地方？"

（2）师幼冲突的原因判断是否准确。

师幼冲突的根本原因是什么，主要问题出在哪里？是幼儿的需求得不到合理满足，还是幼儿有不合理的需求？原因在教师这边，还是在幼儿那边，或者是在两边？是认知错误问题还是情绪对立问题？是手段性冲突还是目的性冲突？……在原因的判断上是否有失误，失误的原因是什么？可为今后处理同类问题提供哪些借鉴？

（3）措施是否有效。

教师要对措施的有效性及冲突后的师幼关系进行判断。措施是否促进了冲突正向功能的发挥，如："是否促进了幼儿的发展？""冲突后，师幼关系是否还是那么亲密，或者更加亲密？""幼儿有没有因为这次冲突而改变对老师的态度——是积极的变化还是消极的变化？幼儿是否一如既往地尊重老师，喜欢老师？"

（4）如何挽救师幼冲突后的不良后果。

教师要反思：师幼冲突及其解决是不是给幼儿带来了某些消极的影响？如果有这方面的影响，那么在今后的工作中如何弥补？

不断地进行师幼冲突反思，会让教师在解决师幼冲突方面的教育智慧不断地积累，其专业水平也会不断地提高。

三、综合实训

实训 7-1 孩子为什么不肯承认？

在集体教学活动中，岑老师闻到一股浓烈的臭味，她当即判断：肯定是哪个小朋友将大便拉在裤子里了。她在班里大声地问小朋友们："是哪位小朋友把大便拉在裤子里了？"没想到全班小朋友异口同声地回答："不是我！"没有办法，岑老师只能依靠自己的嗅觉确认了。

经过一一排查，岑老师发现很可能是池俊小朋友将大便拉在裤子里了。

于是，她问池俊："是不是你将大便拉在裤子里了？"池俊很坚定地说："不是我！"

岑老师又用鼻子反复地嗅了嗅，确定自己的判断没有错。于是，她十分肯定地对池俊说："就是你！不信，你把裤子扒下来让我看看！"池俊很不好意思地将裤子扒到膝盖处……岑老师十分生气地说："池俊，你是怎么搞的？明明是你把大便拉在裤子里了，为什么不承认？！"

池俊哇哇大哭起来！

池俊为何不承认自己把大便拉在裤子里了？

岑老师的做法有哪些错误？如果是你，你将如何做？

实训 7-2　是谁干的？

宫老师进入活动室时，发现钢琴旁边放着一些橘子皮。她满脸通红地对孩子们咆哮："谁把橘子皮丢在这里？"结果没有人回答。

"我再问一遍，是谁干的？"宫老师提高声调又问了一遍。

全班一片沉寂。于是宫老师高声说："做这件事的人，不但是猪，还是懦夫。我再给你个机会，是谁干的？"

宫老师严厉的目光不断地扫向全班的小朋友，结果无人敢承认。于是宫老师罚全班小朋友各打手心两下。

宫老师如此处理师幼冲突错在哪里？如果是你，你将如何应对孩子不承认错误？

实训 7-3　你摔倒，我高兴

一个调皮的幼儿在教育活动中不小心跌了一跤，洗老师见到后，不但不给予同情，对那个孩子说："摔倒了吧？！谁叫你那么调皮！现在摔倒了吧！我高兴！！"

上述案例反映了冼老师平时在应对师幼冲突中的哪些错误？

实训 7-4　不行，就是不行！

饭后，小波去看书，他一眼便选中了尧尧的书。小波刚从书袋里拿出书来，尧尧便冲过去，一把夺过书："这是我的书！"小波同他商量："我们一块儿看行不行？""不行！"尧尧态度很坚决。小波求助地望着帅老师。帅老师对尧尧说："你自己翻书，让小波在你旁边看，可以吗？"

"不行！她想看，不会让她妈妈给她买吗？"尧尧还是不同意。

如果你是帅老师，下一步你将如何行动？

实训 7-5　诀窍在于一个布袋

门老师所带班上的孩子都很乖。实习生向她求教，她说，诀窍在于一个布袋。

门老师说，他们班的教室里有一个大大的布袋，每当有孩子不听话时，她就拿出那个布袋举过头顶不停地转呀转，同时对不听话的小朋友说："老师发功了，老师发功了，老师要把你装进来！"不听话的小朋友都被吓得不得了，变得乖乖的。她强调，这种做法从孩子刚刚入园时的小班就开始了，特别有效。

门老师的做法违背了哪些应对师幼冲突的原则？对此你有何评价？

实训 7-6　令廖老师"头疼"的涛涛

下午我到班上，见班上炸开了锅。孩子们纷纷冲到我面前说："范老师，王涛又犯错误了！""王涛把金鱼弄死了！""王涛被廖老师关进小房间了！""王涛中午不睡觉，还把我们全都吵醒了！还……"孩子们的话还没说完，廖老师已经气冲冲地站到我面前："范老师，这个王涛真是气死我了，管他一个人比管十个孩子还累！只要他一来，我的头就疼！哪天他要没来，我一定会心情舒畅！"

我把小房间的门打开，只见王涛正捏着一根从衣服上扯下来的小线头，用嘴对着吹气。"看，他还像没事儿似的！"廖老师气得肺都快炸了。小朋友们全都堵在了门口，嚷嚷着："王涛真讨厌！""坏王涛！"还有幼儿竟拿起粉笔头掷向王涛。

你能给头痛的廖老师哪些合理的建议？

实训7-7 豆豆未按要求归位

在集体教学活动"什么不见了"的展开环节，孩子们都按照老师的要求将沙子、奶粉、味精、鸡精、盐、糖分别加入水中，认识溶解。当大多数孩子完成操作时，木老师说："孩子们，请将杯子放下，拿着你们的记录结果，坐到小椅子上。"孩子们都离开了桌子，并将自己的记录结果拿给老师看，这时候，豆豆仍未离开实验桌，他将记录纸塞进了杯子，并认真地观察着。木老师注意到了未归位的豆豆，严厉地说："豆豆！回到自己的座位上！"豆豆不情愿地离开了实验桌。

如果你是木老师，面对豆豆的"不听话"，你将如何应对？为什么？

实训7-8 做老师就得让幼儿怕你吗？

有一位自我感觉很好的幼儿教师跟实习生说，不管多么"乱"的班级，只要让她去"整理"，她不久便能把小朋友们"镇住"，只要她往教室门口一站，小朋友们就会变得乖乖的——一动不动地坐好。

笔者问该教师："我发现，在你组织的教学活动中，孩子们都挺乖的。你的经验是什么？"

该教师回答："我平时对他们挺严的，只要我往门口一站，他们就不敢闹了。当老师就要先镇得住他们，不然他们不怕你，你的教学活动很难正常进行。"

你觉得，让幼儿怕老师对于有效应对师幼冲突有什么好处，有什么不好的地方？

实训7-9　你死我活

吃饭时间，闵锐吃饭时把饭粒掉得到处都是。老师把闵锐拉出来当众大声训斥。闵锐很害怕，大声地哭起来，并举起手说要打老师。老师就指着他的鼻子说："你敢打老师？你敢打我，我就把你送到小（3）班去。"老师刚说完闵锐就哭得更厉害了，对老师大叫道："不去，不去。打你，打你……"

当面对一种容易触发激烈情绪的恶行时，教师一定要在思想深处问自己两个问题：我是真的想改变这种行为呢，还是更想报复孩子的恶劣行径？我是不是更想赢得这场争执呢？

有时教师很强烈地想给孩子一点"厉害"尝尝，或者想让他知道"咎由自取"的感觉。但是，这种愤怒的情绪对改变孩子的行为只有副作用。

有些教师认为在和幼儿的较量中必须取胜才是赢得孩子尊重的最佳途径。但是要记住，任何时候有胜利者就必有失败者，而失败者必然是孩子。失败会伤及孩子的自尊和自信，也会损害教师和孩子建立起来的良好关系。在与孩子的正面冲突中，重要的是解决问题的态度而不是强硬的立场。在师幼冲突中，双赢才是最好的结局。

【参考文献】

[1] 顾琴轩. 组织行为学：新经济·新环境·新思维[M]. 上海：格致出版社，上海人民出版社，2011：344-352.

［2］冈萨雷斯－米纳.多元化社会中的早期教育［M］.徐韵，周红，等译.南京：江苏教育出版社，2008：117.

［3］张小巧.师幼冲突情境下的应对方式探讨［J］.特立学刊，2012，99（3）：20-22.

［4］李素娟，邢伟荣.师生冲突：一种潜在的教育资源［J］.现代教育科学，2008（10）：46-48.

［5］许琼华.试析师幼冲突的多学科解决思路［J］.教育导刊（幼儿教育），2008（1）：30-32.

［6］陈友娟.师幼冲突的社会学分析［J］.教育导刊（幼儿教育），2006（1）：33-36.

［7］原晋霞.幼儿园师幼冲突事件个案解析［J］.教育导刊（幼儿教育），2004（9）：38-41.

［8］王建军，邹红.师生冲突的分析及其管理对策［J］.现代教育论丛，2003（6）：5053.

［9］白明亮.批评与反思：师生冲突的社会学分析［J］.南京师大学报（社会科学版），2001（3）：85-89.

万千教育 学前教育类书目

书号	书名	著、译者	定价(元)
幼儿园教师专业成长指导			
2547	认识婴幼儿的游戏图式	张晖 等译	48.00
2113	做会沟通的幼儿教师	胡剑红 等主编	38.00
2236	幼儿园文案撰写规范与技巧	刘敏 等著	52.00
2311	幼儿园探究性环境创设（四色）	康丹 等译	48.00
2056	小脑袋，大问题（四色）	孟晨译	48.00
2309	破解幼儿园教师的90个工作难题	杜长娥 徐钧 主编	52.00
2112	幼儿园优质教研活动设计方案	朱清 等著	38.00
1781	给青年幼儿教师的建议	吴邵萍 著	40.00
8470	答新手幼儿教师120问	刘洪霞 主编	28.00
1798	幼儿园新手教师指导手册	王芳 等著	48.00
1783	从新手到骨干——幼儿教师专业成长故事	尹坚勤 编著	42.00
1780	幼儿教师追求幸福的方法	余胜兰 著	42.00
9111	做个幸福快乐的幼儿教师——为你的专业成长支招	莫源秋 著	28.00

编号	书名	作者	定价
9047	幼儿教师临场应变技巧60例	冯伟群 著	25.00
8930	幼儿教师易犯的150个错误	伍香平 编著	32.00
0070	幼儿教师必知的礼仪规范	向多佳 编著	38.00
9611	幼儿园教师必知的60条教育政策与法规	洪秀敏 编著	34.00
幼儿园教师专业成长指导系列合计			**681.00**
幼儿园教师教学技能与活动指导			
2727	从头到脚玩绘本（全彩）	董旭花 张海豫 主编	78.00
2253	理解儿童心理从绘画开始（全彩）	陈侃 著	38.00
0760	幼儿园备课·说课·听课·评课	俞春晓 等 著	42.00
9499	幼儿教师必须修炼的10项教学技能	俞春晓 著	25.00
9454	幼儿园教学诊断技巧与对策58例	王春燕 等 著	38.00
9612	幼儿园综合主题活动——设计技巧与优秀案例	赵旭莹 等 主编	42.00
1235	幼儿园绘本美术活动创意设计（全彩）	郭莉萍 赵福云 主编	68.00
9323	幼儿园美术活动创意设计（全彩）	罗梅 赵福云 主编	56.00
0180	给幼儿教师和家长的81条美术教育建议（全彩）	李力加 著	62.00
9150	幼儿园节日活动精彩设计方案	刘洪霞 主编	35.00
9590	幼儿园语言活动创新设计	郭咏梅 著	32.00

……
欲了解更多图书信息，请登录：www.wqedu.com
联系地址：北京市西城区三里河路6号院2号楼213室　万千教育
咨询电话：010-65181109，65262933
*本目录定价如有错误或变动，以实际出书为准。